悦 读 阅 美 生 活 更 美

这是一本配有读者交流群的

恋爱成长提升书

嫁人不能靠运气

24 COURSES OF LOVE
AND GROWTH FOR GOOD GIRLS

本书配有读者微信交流群，群内提供情感咨询和资源服务。读者入群可交流读书心得和实践经验，参与热门话题的讨论，不断提升恋爱技巧，迎接幸福美妙人生，马上扫码加入！

社群介绍

**徐徐老师
恋爱成长课堂：** 本群以专业咨询、优质课程、实用资源和案例分析等帮助您树立正确的恋爱观，把握成功恋爱的关键点，从谈一场高质量的恋爱开始，在用心 + 用脑的爱情交往中获得真正的成长。

微信扫描二维码·加本书读者交流群

入群步骤

1
微信扫描本页二维码

2
根据提示，加入徐徐老师恋爱成长课堂交流群

3
群内回复本页提示的关键词，参与读书活动，领取阅读资源

嫁人不能靠运气

好女孩的 **24** 堂恋爱成长课

徐徐 ＿＿＿ 著

24 COURSES OF LOVE
AND GROWTH
FOR GOOD GIRLS

漓江出版社

图书在版编目（CIP）数据

嫁人不能靠运气：好女孩的 24 堂恋爱成长课 / 徐徐
著 . -- 桂林：漓江出版社，2019.11
ISBN 978-7-5407-8732-5

Ⅰ . ①嫁... Ⅱ . ①徐... Ⅲ . ①女性－恋爱－通俗读物
Ⅳ . ① C913.1-49

中国版本图书馆 CIP 数据核字 (2019) 第 202930 号

嫁人不能靠运气——好女孩的 24 堂恋爱成长课
Jiaren Buneng Kao Yunqi——Hao Nuhai de 24 Tang Lianai Chengzhang Ke

作　　者　徐　徐

出 版 人　刘迪才
策划编辑　符红霞
特邀策划　易　虹
责任编辑　杨　静
助理编辑　赵卫平
装帧设计　柒拾叁号
责任校对　王成成
责任监印　黄菲菲
出版发行　漓江出版社有限公司
社　　址　广西桂林市南环路 22 号
邮　　编　541002
发行电话　010-85893190　0773-2583322
传　　真　010-85893190-814　0773-2582200
邮购热线　0773-2583322　　　电子信箱 ljcbs@163.com
微信公众号　lijiangpress
印　　制　香河闻泰印刷包装有限公司
开　　本　880 mm×1230 mm　1/32
印　　张　11
字　　数　170 千字
版　　次　2019 年 11 月第 1 版
印　　次　2019 年 11 月第 1 次印刷
书　　号　ISBN 978-7-5407-8732-5
定　　价　45.00 元

目　录
CONTENTS

目 录
CONTENTS

嫁 人 不 能 靠 运 气

24 COURSES OF LOVE
AND GROWTH FOR GOOD GIRLS

好女孩的

24堂

恋爱成长课

自序

懂 欣 赏 ， 还 要 配 得 上

　　身边的年轻姑娘总爱问我："什么样的女孩容易找到真爱？"

　　她们单身，对未来充满憧憬，也有很多疑惑。有的刚刚大学毕业，有的谈过几次恋爱，还有的已经到了被父母"催婚"的年龄。

　　她们想从我这个一直做女性婚恋成长课程的老师这里得到一个有指导意义的答案。

　　有人觉得，长得漂亮的女孩更容易获得爱情。

　　我说，长得漂亮的女孩的确更容易被男生注意，甚至追求，但是，没有数据表明，女性的容貌会让她们在找到真爱上有明显的差别。追求者众多并不意味着获得真爱的概率就大。

　　有人认为，学业成绩或工作能力出众的女孩更容易把握爱情。

　　现实情况是，许多大龄未婚的女性恰恰是在个人能力上非常出类拔萃的，她们在面对婚恋难题时，所遇到的挑战一点都不比普通女孩少。

　　还有人说，性格温顺的女孩容易被男人喜欢，她们符合东方

审美，能够让男人的自尊心得到满足。

问题是，男人的自尊心得到满足和女孩子自己得到真爱是两回事，他们被满足了，女孩就幸福了吗？

也有人说，原生家庭幸福美满的姑娘更容易得到爱情。

听起来有一定道理。但是，细想一下，心理学界有句著名的话——"没有哪个人是没有童年创伤的"，从这个角度看，任何一个看起来幸福美满的原生家庭可能都存在着不为外人所知的困窘和难题，在这样家庭长大的女孩子怎么会没有自己要面临的挑战？

如此说来，找到真爱真的要靠运气了吗？

从我个人的婚姻经历，以及我辅导过上百对情侣的经验来看，能够遇到一个优质的择偶对象，能够拥有一段亲密和谐的伴侣关系，甚至能走入婚姻，恩爱到白头，好运气当然需要，但是，比好运气更重要的是六个字：懂欣赏，配得上。

何为"懂欣赏"？

懂欣赏，就是你能从人群中认出那个优质男人，欣赏他所具备的外显和内隐的（特别是内隐的）才华和品质，甚至在他不被世俗标准认可时，独具慧眼相中他。

何为"配得上"？

配得上，就是你自己具备和对方匹配的眼界、能力和内涵，这样才足以保证对方也被你吸引，并且在你们的关系中可以互相给予，彼此支持。

遇到真爱也许需要一点运气，但是懂欣赏和配得上，却是可以通过学习和领悟去达到的。

遇到真爱，并且能把握幸福，甚至在进入婚姻之后仍然保持高质量的亲密关系，虽不容易，但是却有规律可循，有方法可学。

我的工作和专长就是帮助女性在婚恋方面去发现问题、解决问题。婚恋课程不仅要学习如何选择适合的伴侣，还要学习伴侣间的沟通语言、相处模式，以及化解冲突的方法，从而在学习和成长中不断调适两个人的伴侣关系，提高双方对于恋爱和婚姻的满意度，使之成为两个人共同的人生财富。

不管是否指向婚姻，亲密和谐的伴侣关系几乎是每个人都渴望拥有的。我们生存在这个世界，需要爱人，也需要被人爱，不仅需要家人的亲情之爱，朋友的友情之爱，还需要来自异性的爱情之爱。

确认了这点，我们就应该正视自己对于爱情的需求——它是生命需求的一部分，它绝对不应该被忽视，它也不会以人的意志为转移，甚至不会随着时间的流逝而减弱。在这样的认知前提下，我们才能带着一种使命感、责任感，去努力寻找能够和自己共同经营好一段爱情关系的人。

社会心理学家通过广泛的调查和研究发现：金钱、地位、名誉、成功等，似乎与个人的生活质量关系较大，但是，幸福却并不是建立在这些要素的基础上的。良好的人际关系，尤其是夫妻、伴侣、亲子、亲密朋友等关键人际关系的融洽，才是人生幸福的最重要的决定因素。

夫妻关系应该是所有亲密关系中最亲密的关系，特别是对于女性来说，注重情绪和感受、注重家庭和孩子的天性让她们更在乎和伴侣的关系质量。毫无疑问，伴侣关系良好的女性，一生的幸福指数就会高。

相伴一生的美满婚姻一定是从高质量的恋爱关系开始的。所以，对于女性来说，学习恋爱这门课，就是在学习如何把握幸福，如何愉快地度过这一生。

谈恋爱还需要学习吗？

当然需要。很多女孩在学业、工作等方面很出色，但却不会谈恋爱，有的单身很多年，有的选择了错的人，更多的是没有能力经营好一段长期的亲密关系，导致恋爱满意度很低，不仅体验不到爱情的幸福，对健康对工作的影响也是负面的。

恋爱课程要学习的不只是如何选对象、谈恋爱，还要学习如何了解自己、懂得自己、爱自己，以及如何了解对方，懂得对方。

我在很多无法进入恋情或者在恋爱中常常遇挫的女孩身上发现，她们因为缺乏对自我的清晰觉察，既没有能力爱别人，也没有能力接受别人的爱，尽管她们都有着强烈的爱和被爱的意愿，然而，多年来感情空白或情路坎坷。

如果不能主动自觉地努力，达到自我的充盈，那么，无论这个女孩多么漂亮，多么出色，多么性格温顺，她都缺乏获得美满爱情的三个基石，那就是：对自我真正理解的**自爱**，对自我需求完全负责的**自强**，以及对一段关系完全负责的**自足**。

回到文章开头的那个问题：什么样的女孩容易找到真爱？

我的回答是：爱情人格成熟的女孩获得真爱的可能性最大。

什么是爱情人格成熟？

自爱、自强、自足的女性就是爱情人格成熟的。她们，不仅知道自己要什么，也知道对方要什么；既懂得坚持，也知道退让；不委屈自己，也不让别人受委屈；独处时，能让自己开心快乐，有伴侣时，也不把哄自己开心的责任推给对方。

具备这样特质的女孩，一定有能力在恋爱中做到 4 个方面：选对人，好好谈，懂自己，懂对方。换句话说，在这 4 个方面都做得很好的女孩，怎么可能错过美好的爱情？

本书将从如何选对人、如何谈恋爱以及如何懂自己、如何懂男人这 4 个部分展开，通过 24 堂有案例有趣味的恋爱课，和大家分享如何把自己操练成一个爱情人格成熟的优质女孩。

感谢你的加入，我们马上就开讲！

长久美满的婚姻需要从选择一个好伴侣开始，这个头开好了，以后的路会好走很多。

好男人就像千里马，需要伯乐把他认出来。

有慧眼的女生当然更有机会选到良人，这种选择能力比长得漂亮更有竞争力，毕竟，貌美只能吸引男人，而选男人的本事能让你找到真正适合自己的男人。

相貌是天生的，后天可以有改观，但作用不大，而选择能力则是可以通过学习不断进阶的。练就一双慧眼的姑娘，中人之姿也可以嫁得称心如意；没眼力的女孩，不论手里拿了一副什么牌，都会把它打得稀烂。

好男人不是和别的男人比出来的，而是和自己的心愿碰出来的，独具慧眼才能在若干男人中选出最合适自己的，前提是知道自己是谁，知道自己要什么。

选男人有标准，也有方法。标准歪了，良莠不分；方法错了，耽误时间。

择偶不是撞运气，是技术，也是艺术，需要踏实的学习心态，也需要良好的悟性。

也许，你的身边并不缺乏好男人，而是你缺乏一双发现的眼睛。

嫁 人 不 能 靠 运 气

24 COURSES OF LOVE
AND GROWTH FOR GOOD GIRLS

好女孩的
24堂
恋爱成长课

第一章

慧 眼 识 良 人 —— 选 对 人

CHAPTER 1

徐老师：

　　您好！我今年26岁，大学谈过一次恋爱，后来因为和男朋友在不同的城市工作，就和平分手了。

　　以前，我对爱情有许多浪漫的幻想，但是身边一些真实的事情让我对爱情的想法变得很悲观。比如我表姐，挺漂亮挺优秀的一个人，结果找了个特别不靠谱的男的，谈恋爱时就吵吵闹闹，现在结婚了，吵得更厉害了，表姐想离婚，可是孩子才一岁多，周围人都劝她为了孩子别离，表姐特别为难，整个人都憔悴了，看起来比前几年老了十岁。

　　周围人也有给我介绍对象的，我既想见，又害怕遇见像我表姐夫那样不靠谱的人，非常犹豫。我知道这样的心态非常不利于发展感情，但我就是对爱情、婚姻都有了恐惧心理。

　　我周围这样的女孩子挺多的，我们不仅是"恐婚"，甚至是"恐恋"，恋爱都不敢谈，何谈以后结婚组成家庭？

　　徐老师，我就是想问问您，要想有一个好的婚姻，一个幸福的家庭，需要具备什么样的条件？我这样恐婚、恐恋的人，还有可能改变自己吗？

　　　　　　　　　　　　　　　　　　　　　　　　@忧愁的小鸽子

第1课
选对人才能嫁得好

01

@ 忧愁的小鸽子说出了很多"恐婚"族、"恐恋"族的心声。

虽然男孩子中也有"恐婚""恐恋"的,但总体来说,女孩子因为把恋爱和婚姻看得更重,所以,患得患失的心理比男孩子更甚。

据珍爱网对全国上万名男女参与者的调查,其中73%的人有不同程度的"恋爱恐惧症""结婚恐惧症"。他们表示,自己因为害怕相处不愉快、害怕恋爱无结果而不敢谈恋爱,同时,因为害怕结婚后矛盾重重,无法拥有幸福的家庭生活,以至于恐惧结婚。

婚恋专家却说:所谓的"恋爱恐惧症""结婚恐惧症",很大一部分原因是源于"选择恐惧症";这些对谈恋爱、结婚心怀恐惧的人，其实是对选择有恐惧——不知道应该选择怎样的伴侣，或者说，不知道什么样的伴侣适合自己；这才让他们对恋爱甚至对婚姻充满恐惧。

很多对婚姻生活有思考的人都承认，拥有亲密而美好的伴侣关系，需要两个重要条件，第一是选择，第二是经营。

选择伴侣是婚前最难的一课，经营婚姻是婚后最难的一课。把这两门课修好，人生的大部分难题都不在话下。

我接受过很多已婚女性对于婚姻问题的咨询，也曾多年讲授婚姻课程，根据我的经验，不得不说，有些夫妻的根本问题是互相选错了人，两个人根本不合适，以至于一直吵吵闹闹、磕磕绊绊，不断地为了一些大大小小的矛盾发生争执和冲突，虽然没有离婚，却浪费了两个人很多年的大好时光。

选错人是开始婚姻生活之前所犯的最致命的错误。犯了这个错，虽不能说无力回天，但必须承认，双方至少要有一个特别善于处理关系、特别善于化解冲突的情商高手，才能把这段关系勉强挽回到 60 分，否则，要么中途分道扬镳，要么终身为此苦恼。

反之，如果选对了人，又善于经营，婚姻关系可以轻轻松松达到 70 分，如果还愿意更加努力，就能拥有一个 80 多分甚至 90 分的美满婚姻，拥有一段长久恩爱的伴侣关系。

做好婚姻或者伴侣关系的经营，首先要建立在基本选对人的前提下，否则，在各种细碎的问题上两个人都缺乏默契，无法轻松地达成一致，又如何去面对那些人生中的大问题、大麻烦、大挑战？如果没有选对人，那么这段关系对男女双方来说，就不是祝福，而是折磨，甚至是诅咒。

02

什么样的人才是对的人？

很多在择偶问题上陷入瓶颈的人可能没想过，他们的问题是择偶的标准过低而不是标准过高。

我们来了解一下下面这幅图。

这三个同心圆代表的是一个人的不同层面。

最外面这层，代表一个人展现给别人的最外层条件，我们称之为"有什么"，有房有车有存款，有颜值、有身材、有家世背景，都在这个层面。

不得不说，这是最先吸引眼球的层面。男性如果在"有什么"这个层面傲视群雄，很容易被异性青睐；如果乏善可陈，在当今婚恋市场上就失了先机。

中间层"会什么"，指的是一个人有什么本事，有什么能力，在社会上如何安身立命，将来靠什么支撑家庭。

相比较而言，"有什么"层面的外在条件，不一定是自己的，比如房子、钱，可能是父母给的，甚至长相身材，也可以说是老天给的；但是，"会什么"这个层面的能力和本事一定是自己所具备的。

最里面的核心层"是什么"，指的是一个人最本质的属性，小至个性、爱好、品位、习惯，大到世界观、人生观、价值观。总之，"是什么"这个层面代表一个人最核心最本质的品质，因而是最稳定最持久的。

根据这张图，我提出了择偶第一法则——"同心圆法则"。

这条法则讲的是择偶时对选择对象的考察方法，简单说，有三个"应该"。

第一，了解一个人，应该知晓他从内到外的所有层面，不应该止步于最外层，如果因为对方最外层物质条件的丰富或者匮乏就轻易产生景仰或贬抑之心，是浅薄的，更是幼稚的。

第二，聪明的女孩应该从内向外选，而不是从外向内选。应该最先考量男生的三观、品性、爱好等属于核心位置的"是什么"层面，然后再看他的能力和本事等"会什么"层面，最后才参考物质条件和外貌、家世等"有什么"层面。

第三，女孩子应该明白，越外层的东西越容易改变和失去，现有的物质资源不如能力和本事对未来更有意义，能力和本事不如三观和人品更值得倚靠。

所以，真正的高标准择偶是从内往外选，先对一个人是否具有优质内核进行检验。不合格，立即淘汰，合格的，再考察他是否具备立足于社会的能力和本事。两项合格后，再参考最外层的物质条件，同时要清楚，这个层面只不过是可有可无的锦上添花，有，当然好，暂时没有，并不意味着以后不会有。

不少女生在择偶时对选择对象的考察都是从外向内，最浅薄最愚蠢的做法是一看到对方物质条件一般、相貌身材普通，就对这个人毫无兴趣，既不愿了解人家是否有一技傍身，也对他是否有良好的品性不感兴趣，这样的择偶次序会漏掉很多未来可期的优质伴侣。

03

在为女性开设的婚恋成长课上，我经常会让大家做一些课堂练习，比如下面这个。

此男性是否会成为你的择偶选项，为什么？

"某男，27 岁，身高 1.72 米，相貌中等。某广告公司设计师，能力出众，作品曾多次获奖。收入尚可，家境普通，父母退休，无婚房。为人正直善良，富有生活情趣，性格温柔，热爱艺术，喜欢电影话剧。"

每一次在课堂上做这个练习时，大多数女学员都表示不会把他作为择偶选项，因为这个男生没亮点，不吸引人。

什么样的男生是择偶市场的抢手货呢？三个字：高富帅。其实，高和帅说的是一件事，指的是容貌出众，所以，高富帅还可以表述为：英俊而多金。

按照我们前面学过的择偶第一法则"同心圆法则"，英俊而多金属于"有什么"层面，这是最外层的择偶条件，也是最容易被大家关注的层面。

在这个层面上，这位 27 岁的设计师确实乏善可陈，"相貌普通，收入尚可"，那就是既不英俊，也不多金。而且，"家境普通，父母退休，无婚房"，说明他根本没有什么可依赖的外部资源。

我想，很多女学员对这个设计师无感就是因为他在大家普遍更看重的"有什么"层面，什么都没有吧？

在这样的择偶观念指导下，他的其他优点简直可以忽略不计。既不帅也没钱，显得"为人正直善良"是那么地单薄，"作品曾多次获奖"也没什么说服力，甚至连"喜欢电影话剧"也有点不务正业。

有些姑娘可能在心里想：房子都没有，收入不过尚可，还不赶快想法子挣钱？正直善良有什么用？还有闲心看什么电影话剧？

其实，这位设计师确有其人，虽然他不被大多数女生看好，有一位条件还不错的女生却对这个男生主动展开了追求。

故事是这样的：

女生是一名记者，在采访男生所在的公司时认识了他，深为男生的才华和谈吐所折服，成为朋友后，这位女生发现，男生非常有正义感，甚至单纯得有些可爱。

后来，两个人因为都喜欢看电影和话剧，所以共同话题特别多，每次见面似乎都有聊不完的话。女生被男生的人品和才华深深吸引，主动表白，男生也喜欢女生，两个人很快确立了恋爱关系。

后来，男生在女朋友的鼓励下，从原来的设计公司辞职，自己创业开了一家广告公司，几年耕耘下来，事业腾飞，成为所在城市的业界知名人士。

婚后，两个人在事业上互相扶持，共同养育了一个可爱的孩子，感情随着时间的流逝而越发浓烈醇厚。

在课堂上讲完这个故事之后，我再问大家，这样的男生是不是真的不值得选择？有几个姑娘说："如果知道他日后能这么有出息，当然会选他。"

正确的择偶观念和择偶方法，就是帮助我们提高对于"日后"的预估和预判能力，是对于当下择偶选择的最重要指导。缺乏这种能力，就会让你错失真爱，错失优质伴侣。

04

　　这个故事其实是我和我先生的真实经历。

　　我是当年的女记者，他是当年的设计师。我们现如今已经结婚 25 周年，2019 年 10 月 18 日是我们的银婚纪念日。

　　很多人羡慕我俩的婚姻状态，总问我有什么秘诀，我每每会这样回答大家：首先，选对了人；其次，用心经营。

　　为什么说我选对了人？

　　"同心圆法则"告诉我们，择偶时，应该先看对方"是什么"，参考对方"会什么"，不要过于在乎对方"有什么"。简单说，品行个性最重要，能力本事做参考，附加分才算金钱和外貌。

　　我先生正直善良，风趣幽默，个性温柔，善解人意，在"是什么"这个层面，条件可以说"杠杠的"。当年，正是他的这些内在品质最先打动了我。婚后，他的这些品质让我们的日子在贫乏的物质条件下过得特别舒服、特别有趣。

　　同时，我也参考了他的第二层面"会什么"，他有才华，有能力，而且，善于沟通，合作力强，这些都预示着他一定会有非常好的事业发展前景。当然，事后也证明了我的判断，他从一个优秀的设计师成长为出色的广告公司经营者。

把"是什么"和"会什么"这两个层面加起来，已足以说明他是一个非常优质的择偶对象，至于最外层的"有什么"层面，那是我先生当年以及很多潜力无限的好男人年轻时最缺乏竞争力的地方，他们没有房子、没有存款、没有家庭背景、没有出众的外形，如果看重这个层面，我就会错过他，那将是多么大的遗憾。

当年，这样的优质男没人和我竞争，如今，这样的优质男仍然不是"抢手货"。这一点可能需要年轻的女孩子们反思一下。

寻找优质伴侣，也许需要我们首先改变对男生的考察顺序，把从外向内的择偶眼光，变成从内向外的选人角度，这样，才不会因目光短浅而错失良缘。

长久美好的伴侣关系，恩爱一生的美满婚姻，一定是从选对人、爱对人开始！

觉察·感悟·行动

1. 你害怕谈恋爱吗？害怕结婚吗？为什么？

2. 学习了"同心圆法则"，在择偶观念上给了你什么启发？

3. 你在生活中遇到过"选对人嫁得好"或者"选错人没嫁好"的真实案例吗？结合这一课，你有怎样的感想？

亲爱的徐老师：

　　我32岁了，经人介绍认识了一个大我3岁的男朋友，我们谈了半年多，他人挺好，工作也不错。父母希望我们尽快谈婚论嫁，毕竟我年龄不小了。

　　可我还没有想好，因为我和他在一起很平淡，有时甚至可以说很无趣，他感兴趣的我不懂，我喜欢的他不明白，共同语言很少，性格也很不相近，他内向寡言务实，我外向敏感浪漫。

　　我们之间表面上客客气气，其实一点都不亲近，不仅我有这个感觉，我想他也有。

　　我们都是被父母催婚的人，都想尽快把这个问题解决了，他对我的条件是满意的，但也没什么热情，我对他也如此。

　　我现在很犹豫，很纠结，不和这个人结婚，以后还能遇到更好的吗？和这个人结婚，以后的日子我想想都无聊，现在就没话说，将来更没有啊！

　　徐老师，您说我该怎么办？

@小琴

第2课
越般配就越幸福

01

美国著名婚姻家庭治疗师、心理学家约翰·贝曼博士在对中国很多夫妻的关系状况进行调研后，得出这样的结论：中国人婚姻的最大问题是夫妻之间亲密度不够，这使两个人都觉得不满足，既缺乏幸福感，也缺乏安全感。

以贝曼博士的观点来看，一对关系亲密的夫妻，要在智力、审美、灵性、社交、娱乐、性等6个方面达到较高的般配度。

简单说就是，夫妻之间的幸福度来源于亲密度，而亲密度又来源于两个人的般配度。

从约翰·贝曼博士的观点倒推，我们可以得出这样的结论——很多夫妻关系不亲密，婚姻质量不高，是因为他们的般配度太低。

来信中的 @ 小琴，大概已经感觉到她和男朋友之间的不般配，所以，很担心以后的日子会越过越无聊。@ 小琴的担心不是空穴来风，婚前就在很多方面不合拍的男女，因为这样那样的原因结合了，婚后才发现，两个人的不般配会让他们很少有默契，大事小事都会有分歧，要么争吵不休，要么不说话，少交流。久而久之，婚姻生活不是鸡飞狗跳就是变成一潭死水。

很多人不知道，两性关系中的般配度这个问题，有些是可以在相处中慢慢调整的，有些则是在选择恋爱对象时就必须严加审核的，某些差异结婚以后再去修正几乎是不可能的。

所以，我把约翰·贝曼博士的这个理论演化成择偶第二法则——"六维度般配法则"。

有些伴侣之间经常发生吵闹和争执，细究下来，你会发现，他们争吵的根本不是什么原则问题，而且，似乎谁都没错，不过是两个人都是从各自的立场和角度看问题罢了。

比如，丈夫推崇节俭持家，妻子追求生活品质；妻子喜欢安静地看书，丈夫把和朋友聚会喝酒当作一大乐事；丈夫对于音乐、宗教很痴迷，妻子只关心柴米油盐；妻子聪慧敏感，丈夫反应迟钝；丈夫喜欢琴棋书画，妻子最爱广场舞……

看起来不是多么严重的冲突，也不是三观不合的大问题，两个人都是善良可爱的好人，但是，这些方方面面的不和谐、不般配造成了他们无法协调的差异，轻则会让夫妻俩亲密度不足，不恩爱，不幸福，重则会让两个人吵闹不休，甚至以离婚收场。

所以，"好夫妻要般配"不是一句过时的老话，而是经得起时间考验的智慧法则，和现代婚姻专家的理论不谋而合。

02

约翰·贝曼博士对于夫妻亲密度的研究，让我们提高了对择偶阶段双方般配度的重视，同时，也给出了一个帮助大家考察恋爱对象的方向和择偶指南。

如何运用这个指南考察未来的伴侣？

1. 智力的般配度

学历不等于智力，但也是智力的体现，所以，学历相差过大的两个人，容易出现智力差异。

学历相近的人，也有智力相差很大的情况，用心观察，那些在理解力、共情力方面和你严重不合拍的人，很可能是因为你们俩智力不般配。

要承认每个人的智力水平是不同的，有聪明人，也有笨人。智力不般配是很难在相处中慢慢改善的，要知道，一个人智力水平的高低在成年后几乎无法改变。

2. 审美的般配度

据民间调查，不少离婚夫妻都是在装修房子期间产生了不可调和的矛盾，原因就是装修房子这件事会使双方审美的差异发生集中碰撞，沟通能力强的两个人，可以求同存异，沟通能力差的就选择分道扬镳了。

从这类极端例子可以看出，审美严重不般配，差异过大，也是会造成离婚这样严重后果的。

想知道你和选择对象之间审美是否般配，可以观察他的衣着款式、生活用品以及居家布置，留意他对电影、音乐等艺术形式的偏好，这样会对你们之间的审美差异有客观的了解，了解之后冷静审视，看是否在你的允许值之内。

3. 灵性的般配度

有人对世界只相信"眼见为实"，有人对灵魂对宇宙充满想象。在这方面差异过大的两个人，双方的世界观会有本质的不同。灵性的般配度较高的两个人，不仅会有更多的共同语言，内心也不容易感到孤独。

在灵性上更般配的男女，看世界的眼光很相似，在最触及灵魂的层面，他们是一类人，无论务实还是务虚，都会在同一个维度，这样才容易互相懂得。

4. 社交的般配度

和什么人交朋友，和朋友如何相处，非常个人化，没有对错，但是，亲密关系中的两个人需要了解彼此的差异，未必强求完全相同，但彻底的南辕北辙一定会带来争吵和矛盾。

戴安娜王妃和查尔斯王子当年婚姻不和睦，其中一个原因就是他们俩社交般配度太低。戴安娜喜欢像明星一样的社交生活，喜欢被人关注、赞美，对慈善活动很有热情，大众也很喜欢她；而查尔斯王子个性内敛，喜欢读书、骑马，不喜欢抛头露面。很显然，他们在这方面极不合拍。

5. 娱乐的般配度

当今社会娱乐方式丰富多彩，人们的空闲时间也比较多，如何消遣就成了伴侣间经常要讨论的话题。虽说人各有所好，但是，能玩到一起的人，更容易有共同语言，也不容易因为娱乐方式差异过大而起冲突。

喜欢户外运动的人很难理解窝在家里打一天游戏有什么好玩的，爱看电影的人和一年都不进电影院的人感觉不是生活在一个次元。

对于娱乐方式的偏好，可以协商调整，也可以互不干涉，但是，双方首先要知道存在差异，并且对如何对待差异达成共识。

6. 性的般配度

性学家说，性从来不只是性，性的问题也不只是性生活的不协调。

所以，其他方面般配度低的人，在性方面容易不般配。

如果发现了性方面的严重不和谐，就要警惕其他方面尚未显现的不般配。

哪怕只是性的不般配，也别凑合，一辈子长着呢！

据调查，中国不少男女离婚的原因是性生活不和谐，但是大家会统一口径，把"性不合"对外说成"性格不合"。不过也对，性格不合的两个人，容易性生活不和谐。

03

老一辈的人总爱片面强调男女感情主要靠"磨合",甚至觉得可以"先结婚后恋爱",他们没有意识到,个体之间的很多差异不是靠时间和耐性就能磨合掉、消弭掉的。

某心理学公众号对几千对情侣进行调查,"什么样的恋爱容易成功",结果显示,"总体来看,你们是般配的"成为首选答案。

有趣的是,其他4条高票获选的答案,竟然也是对于我们讨论的"般配法则"的实际运用。

请看,容易成功的恋爱关系的5个特征:

1. 总体来看,你们是般配的。

2. 你们有着相似的健康习惯。

3. 性生活和谐满意。

4. 周围朋友支持你们的感情。

5. 你们都在关系中成为更好的自己。

下面，我们对 2—5 条进行具体的分析。

相似的健康习惯不仅是智力般配度高的表现，也是娱乐般配度高的结果。

性生活的和谐满意当然是由于性的般配度高。

周围朋友的认可支持，很大一部分原因是，大家从旁观者角度看到这两个人在各方面比较般配。在现实生活中，很少有严重不般配的一对男女会获得周围朋友的支持，这一点，要相信"群众的眼睛是雪亮的"。

如果一对伴侣真的符合前面 1-4 条，他们毫无疑问会在关系中成为更好的自己。换句话说，如果你想在关系中成为更好的自己，就必须选对伴侣。

所以，聪明女孩要明白，开始一段恋情之前，就要有意识地按照"六维度般配法则"，选择一个和自己多方面般配度更高的人。这才是开启高质量亲密关系的正确方式。

04

　　般配不是没有差异，恋爱和婚姻最考验人的其实是如何处理两个人之间的差异。所以，在选择伴侣时尽量找双方差异小的那个人，就能为以后减少许多麻烦。

　　换句话说，在亲密关系中如何处理两个人之间的差异是一道难题，找一个般配度高的人，无疑就降低了这道题的难度系数。

　　"六维度般配法则"里的六个指标，指向的是两个人亲密相处的六个维度，总分高，就是般配度高。

　　需要注意的是，有时候，两个人会出现某一项得分奇高，其他项很低的情况，这并不是婚姻般配度高的表现。

　　比如，一男一女是户外俱乐部成员，两个人特别能玩到一起，每次参加户外活动都非常开心，说明他们两个人娱乐的般配度很高。但是，当他们以恋人身份开始相处后，却有可能矛盾重重，因为他们在其他方面并不是很般配。

　　高学历女生如果觉得必须找一个同等学历的男朋友，其他方面都不重要，她可能是过分看重智力的般配度。没有证据表明，两个博士结合后，就一定会幸福美满。必须同时有另外几个维度的般配才会促成一段美好姻缘。

爱上"一夜情"对象的女孩子，很可能是把性的般配度误以为婚恋的般配度，觉得既然在床上如此和谐，在生活里一定可以过得好。虽然不排除这种可能，但是，如果你知道爱人之间的般配有六个考察维度，总分高才是般配度高，就不会对某一维度单项的高分过分在意了。

有趣的是，某一单项得分略低不一定影响总体的般配度，只要双方对此有认知，而且愿意用其他方面的高分去弥补这一两个单项的缺陷。

比如，我和我先生在审美的般配度上就得分较低，他是设计师出身，对艺术的美感很在意，而我对此既先天不足，又缺乏训练。所以，谈恋爱期间，他经常对我身上的衣服颜色之乱表示好奇，经常说："你是怎么做到的，能把这么不搭的颜色穿到一起？"

好在，我们其他几项得分都很高，这个部分的缺失并不影响我俩大多数时候的默契和一致。而且，我很有自知之明，在婚后买衣服常常请他做参谋，家里装修房子买家具，完全由他一手操办，我几乎不发表意见。这样，就把审美差异有可能带来的冲突降到了最低。

如何在现实生活中判断两个人之间的般配度较高？

首先，你和他在一起有很多可聊的，共同的话题越多，越证明你们在灵性、智力、审美等方面比较般配、合拍。

其次，你们有很多共同感兴趣的事情，这些活动说明你们在社交、娱乐甚至性方面般配度高。

最后，你们两个人在这段关系里都感觉比较舒服，不累。

如果恋爱谈得累，很可能是有一方处在迁就或高攀的尴尬位置，这种局面当然是因为两个人般配度不高。找到合适的伴侣，找到对的人，爱情并不需要那么多的将就和忍耐，那些双方都感到特别费劲的关系，非常有可能从一开始就找错了人。

择偶的"六维度般配法则"注重的是全面和均衡，它提醒寻找伴侣的人要学习从多个方面考察择偶对象，同时，也告诉大家，好的婚恋关系不是找到一个比自己更优秀、更出众的人，而是两个人之间的般配度高，如果不般配，无论其中一方多么出类拔萃，这样的结合也不会幸福。

这就让女孩子们学习到一种新的择偶视角，不要拿你心目中的理想伴侣条件和现实中的男生进行比对，那没有任何意义；而要拿你自己的条件和男生比对，看看你们这两个活生生的人，在"六维度般配法则"的多个维度是否有较高的般配度。

婚恋关系就像跳交谊舞，两个人合拍最重要，不仅外人看着养眼，自己也跳得舒服。找到更般配的那个人，而不是所谓条件更优越的人，才是亲密关系的正确打开方式。

认清自己，了解对方，越般配才越亲密，越亲密就越幸福。

案例分享

❤

　　我和我先生结婚 25 年了，当然也会有争吵和矛盾，彼此都付出了忍让和妥协，但总的来说，我们双方都没有在关系里受太多的委屈，和谐、甜蜜才是我们婚姻的主旋律。

　　恋爱中我就发现，我们在很多方面都很像，也可以说很般配，外人也如此评价我们。

　　比如，我们都相信这个世界一定有用肉眼看不见的存在，所以，我们不仅对宇宙、宗教充满好奇，也会惊叹人性的复杂有趣，这无疑是灵性般配度高的表现。

　　从相识开始，我们俩就特别聊得来，共同语言特别多，能听懂对方的笑话，接得住对方幽默的梗，而且，不用张口细说，就知道对方因为什么喜形于色或黯然神伤。

　　我们都喜欢文学、艺术，愿意在这方面花钱花精力，这说明我们在审美、娱乐甚至智力等方面般配度也挺高。

　　还有，我们都喜欢交一些知心朋友，不喜欢酒肉之欢，愿意参加社会活动，也享受两个人单独在一起的互相陪伴，这说明我们在社交方面也很般配。

　　至于性的般配，其实没那么神秘，各方面都很般配的两个人，很容易达成性和谐，因为，性的问题从来不是单独出现的，这道理大家都明白。

　　般配的我们后来在一起生活了那么多年，谁都不勉强，我们都感觉在一起后更快乐，更自信，更喜欢自己，也更喜欢世界。

　　正是因为彼此选对了人，所以我和我先生的婚姻从一开始底色就是温暖的、明亮的，两个人并没有费很大的力气去改造对方、适应对方，可以说是各自安好、互相成就。

觉察·感悟·行动

1.学习了"六维度般配法则"，你是否对理想的伴侣关系有了更清晰的认识？结合周围人的婚姻状况，你可以试着做几个案例分析，然后和闺密分享这一课的内容。

2.按照"六维度般配法则"，你和你的伴侣般配吗？如果答案是否定的，试着和你信任的朋友或长辈描述一下你和他在一起的主观感受，听听他们的建议。

徐老师：

　　我生长在一个父母离异的家庭，父亲早早地就撇下我们走了，妈妈带着我生活，日子过得很艰难。长大以后，我特别害怕重蹈妈妈的覆辙，找一个像我爸一样不负责任的男人，那我这辈子就有苦吃了。

　　所以，我在交男朋友方面特别谨慎，有男生追，也不敢轻易答应，上大学时，有个男孩相当不错，因为我的过分犹豫，他和别人好了。

　　工作之后，年龄一天天大了，心里很慌张，可恋爱经验却少得可怜，不知道什么人适合自己，想结婚，又害怕遇人不淑一失足成千古恨，所以，一边疯狂相亲，一边犹豫不决。

　　徐老师，我见了二三十个相亲对象，感觉条件都差不多，我越见得多，心里反而越没谱。我不知道如何判断一个人是否和我合适，也不知道通过什么途径考察他。

　　我想请教您，怎样才能看出一个人靠得住，品性脾气和我相投，是我未来的理想伴侣呢？

@羞羞的喵喵喵

第 3 课
好伴侣是"吃"出来的

01

　　很多女孩子像这位 @ 羞羞的喵喵喵一样，约会相亲见了很多人，但不知道要从哪些方面观察他们、考量他们，所以，见得越多心越烦。

　　我从不反对用相亲这种被称为"blind dating"（盲约）的方式寻找伴侣，认识的途径不重要，认识之后的考察和判断才重要，判断之后的相处才重要。

　　@ 羞羞的喵喵喵这样的女孩子，因为心里的不安全感和不确定感而不断增加相亲次数，并不能让她考察和判断择偶对象的能力有所提高，反而是相得越多，心里越乱。

　　上两节课我们分别讲了择偶的两个法则，"同心圆法则"

和"六维度般配法则"，理论虽然简单易懂，实际操作却需要融会贯通。

如何运用这两个法则对择偶对象进行考察、衡量？可以参考一下公司选拔、录用员工的方法。

公司招聘人，肯定会有面试环节，重要岗位不只有"二面"，还会有"三面"。选择终身伴侣，实际上是在选择未来将持续经营 50 年以上的"家庭公司"的唯一合伙人，这样至关重要的岗位，三轮"面试"并不算多。

所谓的三轮"面试"，就是你要和"应聘人"单独吃三顿饭，一顿中餐，一顿西餐，一顿自助餐。

这是我给来信的这位 @ 羞羞的喵喵喵的建议，也是我在课堂上经常给女孩子们的建议。

这三餐饭的目的不仅仅是享受美食，还是为了利用不同的就餐场景帮助你考察择偶对象，通过聊天、互动、观察，判断他是否具备优质的内核，是否和你在多个方面般配。

把吃饭当作面试环节，是因为吃饭是两个人从相爱到结婚一起做得最多的事，能经常在一起愉快地吃饭的伴侣，一定是关系融洽的，彼此喜欢的，有共同语言的。

而且，男女单独坐在餐桌旁吃饭，特别像一种婚前演习，除了不用撸起袖子切菜和面，简直就是对未来家庭生活最常见场景的模拟。所以，用吃饭这种场景来观察恋爱对象，真是再合适不过了。

从吃饭这个过程可以看到一个人的前尘往事，也可以预测他的日后未来。按照"同心圆法则"，你可以对他"是什么""会什么""有什么"有一个大致的了解；按照"六维度般配法则"，你可以对你们之间灵性、审美、智力等方面的般配度有直观的发现。

公司的面试官一定是带着问题去考察应聘人的，聪明女孩也需要带着"考题"去赴这三顿饭局，如果你真能用心去吃好这三顿饭，你会遇到你最该遇到的人，也会躲开你最该躲开的人。

02

中餐菜系丰富，各个餐馆风味不同，请客吃中餐对于做东的人来说，要做的功课挺多。

一般来说，男生应该负责安排整个就餐环节，所以，女生有机会全程考察，细心判断。

吃中餐有如下"考点"：

1. 如何选餐馆；

2. 如何点菜；

3. 如何和服务员沟通；

4. 如何应对突发状况；

5. 如何聊天；

6. 如何结账。

女孩子要带着这些问题仔细观察男生在请你吃饭时的表现:

● 饭店是在他方便还是你方便的地理位置?

● 餐厅环境是否充分考虑到你的感受?

● 点菜时是否事先了解你的口味?

● 和服务员沟通时,是颐指气使还是温和有礼?

● 面对上菜慢、旁边熊孩子吵闹等现场状况,他是温柔坚定地表达态度,还是恼羞成怒地发泄不满?

● 吃饭聊天时,是主动有趣的,还是不善言谈的?是愿意听你说话的,还是自顾自滔滔不绝的?

● 吃完饭后,面对账单时,是反复核对、斤斤计较,还是大方自然,让你没有任何不自在?

总之,吃中餐的"考点"是考察男生安排事情和照顾心情两方面的能力。

根据我的经验,没什么人能装得过一顿饭的时间,女孩子不用事先准备多么刁钻的问题来为难对方,只需要用心在以上几个方面留意观察,你就能找到对你有用的重要信息。

有些以自我为中心的男人,在恋爱阶段就表现得很充分,比如,吃饭点菜毫不顾及女方的需求,对服务员呼来喝去,全程自吹自擂,不给女孩说话的机会,吃完饭后也不主动送女孩子回家……只不过,有些女孩子在谈恋爱时很迷糊,很迟钝,根本没有意识到这些行为背后所代表的个性或品质对于未来的婚姻有多么重要,以至于结婚后才惊呼,自己怎么嫁了个如此不体贴、不温柔的丈夫,但是却悔之晚矣。

还有些男人，看似节俭的背后是对缺钱的极度恐惧导致的动作变形，他们对金钱过分计较，对老婆孩子的物质需求视而不见，也不愿为了多挣点钱而努力，这样的男人会让女人活得特别憋屈。恋爱吃饭时就应该能看出来，那些点菜时过分抠唆，结账时斤斤计较，不顾颜面地要求店家打折的男人，不就是这些日后让老婆孩子过苦日子的人嘛！

恋爱时的吃饭不仅仅是吃饭，和结婚后的吃饭意义完全不同。结婚后，聪明女人会睁一只眼闭一只眼，而相亲阶段、恋爱阶段，关系还在变化中，彼此双方都在考察观望，作为女孩子，要睁大眼睛带着脑子去赴约，清晰地知道在一餐饭的过程中，要看什么，听什么，观察什么，而不是只盯着饭菜忘了"看"人。

03

第一轮"面试"吃中餐合格之后，再安排第二轮"面试"，吃西餐。

很多人会把麦当劳、肯德基、必胜客都归到西餐类。我建议的吃西餐，至少是要用刀叉的那种，麦当劳、肯德基就算了，至少必胜客吧！三星以上的酒店里一般有不错的西餐厅，环境也很适合情侣，是第二轮"面试"的最佳考场。

吃西餐有如下"考点"：

1. 如何点餐；

2. 如何正确使用餐具；

3. 如何面对不熟悉的食物；

4. 如何应对有可能出现的尴尬。

吃西餐最大的"考点"是面对代表另一种文化的食物，以及与中餐不同的就餐礼仪，是否有一颗开放的心。

俗话说：萝卜青菜各有所爱。口味这个问题，没有高下之分，爱喝咖啡的没理由嘲笑爱吃大蒜的，爱吃东北菜的也没理由嘲笑爱吃比萨、汉堡的，对其他民族、其他文化的食物能否做到包容、欣赏，可以看出一个人的心理宽容度。

有些男生对家乡美食的狂热喜爱会让他们丧失判断力，他们总觉得不符合家乡口味的食物都是垃圾，西餐更是花钱吃不饱的坑人东西，因此，吃西餐时各种别扭，一会儿抱怨刀叉不顺手，一会儿抱怨饭菜量太少，总之就是各种不自在。

如果你是一个对生活总有浪漫设想的女孩子，这样的男生就需要远离，不是人家配不上你，而是，你们的生活理念从根本上差异太大。而且，在食物上口味狭窄的人，一般来说世界观也狭窄，对于超出俗世生活的需求往往理解力不够，包容度很差。

西方谚语说，"You are what you eat"，还是很有道理的。

还有一类男生，有一些生活经验，可能还有海外经历，对于西餐会有一种脱离现实的推崇，他们喜欢贬损中国文化，由于对西餐礼仪很熟悉，因而就带出莫名其妙的傲慢，甚至有些人，一坐到西餐厅，整个人就像打了鸡血一样亢奋，中英文夹杂地胡言乱语，看起来其实挺可笑。

这些人并不像他们表现的那么高人一等，越是自卑的人，越爱用傲慢装点自己。吃个西餐就飘飘然的男人，不会是有真本事的人，他们在工作上眼高手低的可能性很大，在爱情上也容易虚荣、看脸，想找个人踏踏实实过日子的女孩子，离这样的男人越远越好。

04

前两轮"面试"过关后，进入第三轮，吃自助餐。

自助餐的特点是种类丰富，之前在北京等城市很火的金钱豹餐厅，就曾经让很多人开玩笑，说自己是"扶着墙进去，扶着墙出来"，意思是饿到扶着墙进去吃，吃得撑到扶着墙才走得出来。

吃自助餐有如下"考点"：

1. 如何选座；

2. 如何选择食物；

3. 如何估量自己的胃口；

4. 如何应对取餐台前可能的拥挤状况；

5. 如何平衡取餐和聊天的时间。

之所以在中餐、西餐之后安排一次自助餐"考试"，是因为自助餐有别于点菜式餐馆，可以让人在成本锁定的前提下随意吃喝。所以，自助餐最重要的"考点"是面对丰富选择时的判断力和自控力。

我有个美食家朋友常说，看一个人怎么往自助餐盘子里盛东西，就知道他是什么出身，什么性格，未来有什么发展。

我们听听他的高见：

"把盘子里的食物堆成小山似的，这种人一般来说幼时家贫，对食物的匮乏感还没有完全消退；

"一次给自己端好几盘子的，这种人欲望过强，不会节制，甚至在婚姻里出轨的风险更大；

"吃完后剩菜很多、桌子上杯盘狼藉的，不仅公德心差，而且倾向于把麻烦推给别人，无论在工作岗位还是在家庭里，都不是好的合作者；

"而那些盛取东西很有条理、把冷热荤素分开的，一般来说家教比较好，做事也靠谱；

"盘子里食物恰到好处，又很懂营养搭配的，很可能收入不错，有生活情调；

"就餐结束时，盘子里清清爽爽、桌子上整整齐齐的，自律节制，工作效率高，对家庭负责任。"

听完高人的解读，女孩子们在和男生吃自助餐时是不是就不要再忙着用手机拍美食发朋友圈，而是学着观察准备交往的这个人，以及他的盘子里到底装的是什么。

三轮"面试"进行完，你会对你所考察的"应聘人"有一个比较全面的了解。请带着从这三顿饭上采集的信息，好好分析一番，以此决定你们今后的关系走向。

但是，女孩子千万不要以为，这是你单方面对男孩子进行考察，其实，在这三顿饭的场景里，你是"面试官"，也是"应聘人"，对方也在默默地观察你、考核你，所以，不要带着"面试官"的傲慢去居高临下地审视人家、盘问人家，爱情是平等的，选择也是双向的。

　　选对人、爱对人，对一段长久的浪漫关系、对持续一生的美好婚姻都格外重要，而通过三次有意义的进餐，就可以对择偶对象做出一个基本判断，你能说好伴侣不是"吃"出来的？

　　吃不到一起的人，很难把日子过到一起，这是朴素的真理。

　　通过后面的三个案例分享，大家应该看到，聪明的女孩子善于在吃饭时采集有效信息，作为自己判断选择的依据。在择偶这样的大事上，一个明智的决定往往影响一生的幸福。

　　所以，准备进入恋爱阶段的女孩子，一定要把握两个人一起吃饭的大好时机，去近距离考察、"面试"那个有可能成为你终身伴侣的人。

案例分享（一）

❤

芬妮相亲时遇到一个学历、长相等各方面条件都不错的男生，准备往下发展，于是，两人约着吃了一次饭。

吃饭过程中，鲫鱼汤上来之后，男生喝了一口说"没味"，紧接着就往汤里加了好些醋。这顿饭之后，芬妮就再也不和他见面了。

芬妮对此解释说："其实，吃饭口味不同并不是不可以理解，但是，你知道吗，他不是把醋倒进他的碗里，而是拿着醋壶直接往汤盆里倒啊！他没问我的意见，就那么大大咧咧地把醋倒进去了，这种人，根本不会照顾别人的感受啊！而且，我是南方长大的，鲫鱼汤里倒醋这种吃法，本来就和我的生活习惯冲突很大，再加上他如此鲁莽，我就更没办法忍受了。"

芬妮后来找了个特别善解人意的老公，两个人一直很恩爱，能谈到一起，也能吃到一起。

案例分享（二）

　　雅儿和阿彬认识挺久了，一直没有单独吃过饭。后来，雅儿出了一趟长差，阿彬提出给雅儿接风。

　　阿彬早早地预订了座位，饭店离雅儿公司很近，阿彬仍然去接了雅儿，说怕她找不到。

　　开始点餐前，阿彬让雅儿看菜单，雅儿随便翻了翻，说："你点吧，我都行。"阿彬一边点菜，一边观察雅儿的反应，很聪明地划掉了雅儿皱眉头的菜，最后上桌的菜品让雅儿很满意。

　　席间，阿彬对雅儿的出差见闻很有兴趣，雅儿也说得很尽兴，后来，发现汤凉了，阿彬立即请服务员帮忙重新加热，让雅儿感到很贴心。

　　雅儿本来是有追求者的，有几个条件还不错，家境优越，出手阔绰。雅儿知道阿彬喜欢自己，可他并没有表白过，但是，阿彬这次吃饭过程中的表现反而让雅儿动心了，她说："这是男生请我吃的最便宜的一餐饭，但却是最舒服的一次。"

　　后来，雅儿又回请了阿彬，两个人口味相近，聊得也开心。阿彬对服务员温和有礼，点菜技巧游刃有余，都让雅儿印象深刻。

　　就这样，两个人你请我，我请你，3个月后确定了恋爱关系，1年后领证结婚。

　　结婚很多年后，雅儿说："当年没看错他，第一次吃饭我就觉得他既舍得花钱，又不铺张浪费，点菜点得恰到好处，和我的生活理念特别吻合。结婚以后更加确认，幸福就是两个相爱的人一起吃很多很多次饭。"

案例分享（三）

❤

妮可有一个很长时间的追求者，渐渐地，妮可也对他有了好感，两人一起去吃过一次自助餐。

一进餐厅，男士提出要坐在离取餐台比较近的位置，妮可本来想说靠窗比较安静，但看到男生很坚决，就没有张口。

就餐时间，男士频繁去取餐，以至于两个人没时间安静地说话，当然，他也殷勤地给妮可取了很多盘，大多是妮可为了保持身材从来都不碰的油炸类食品。

这顿饭后，妮可再也没有答应这个男士的任何一次邀请，男士也知难而退了。

妮可事后和闺密回忆说："他追了我好长时间，本来我是有些动心的，如果不是这次吃自助餐，我不会发现我们俩完全不在一个频道。他的热情劲儿全在如何把花的那一两百元吃回来，所以，不辞劳苦地端回来很多硬菜，海鲜啊，肉类啊，可我想要的是两个人安安静静聊着天，吃点自己喜欢的，未必是最贵、最合算的。我在乎的是体验，他在乎的是投入产出比。"

觉察·感悟·行动

1. 你和异性朋友吃中餐时，他的行为举止哪些让你有好感？哪些让你心生不快？

2. 你有过和异性朋友吃西餐的美好或尴尬经历吗？结合这一课的内容，回顾和分析这些经历中的"般配"和"不般配"。

3. 你和异性朋友吃过自助餐吗？结合本课，他的表现让你看到了哪些背后的故事？

徐徐姐：

你好！

我和男朋友都在广州发展，广州的高房价让我们萌生了回老家的想法。他老家和我老家相隔500多公里，去谁的家乡安家落户就成了我们目前争论的问题。

我是独生女，他有一个姐姐，我希望他迁就我想照顾爸妈的心，因为他姐姐就在他父母身边。但他的家人希望他回去，说去我的家乡就是"倒插门"，他们家丢不起这个人。

我们为这个问题一直在吵架，他父母说别看我是个研究生(他是本科)，但是，嫁鸡随鸡嫁狗随狗，照样得跟着他回老家，这事没得商量。甚至还说看照片我"又老又丑"，配不上他，如果我不跟他回去，他可以在当地找到更好的。

他把他家人的话转给我，我非常愤怒，说这样更没法和你回老家了，他却说，他们家人都特别善良，如果我跟他回去，一定会对我很好，等等。

我很不愿意回他的家乡，一方面是离父母远，另一方面是担心和这样的人家处不好关系。但是，我们毕竟恋爱好几年了，他对我也还不错，就这样断了，也挺可惜。

万分犹豫，心里很乱，期待得到您的回复！

@海边的金电子

第4课
找个好婆家

01

有人说，爱情是两个人的事，婚姻不是。

似乎，只要不谈婚论嫁，就可以沉醉在二人世界里。其实不然，爱情也从来不是两个人的事，每个人在亲密关系中都会带着各自原生家庭的密码，他和家人的关系模式，他的亲人的互动模式，都会在他和亲密爱人的关系中不动声色地显现出来。

看了@海边的金龟子在信中描述的男友和他的家人，我觉得，这样的男人，不仅不能嫁，恋爱关系也不应该继续吧？

好多女孩子会天真地以为："只要我们俩好就可以，他家人好不好没关系，可以少来往啊！"

要想做到这点，必须是对方能够对自己的家庭有客观清醒的觉知，愿意和他们保持距离，并且在一些重大问题的观念上已经和他的家庭划清了界限。

很显然，@海边的金龟子的男朋友并没有做到以上几点。

残酷的现实是，很多经常发生婆媳大战、姑嫂大战的家庭，往往是因为在结婚后的许多年，甚至在漫长的一生里，男人们都做不到和原生家庭保持清晰的界限。

旧时代的人们为女孩子提亲时，总爱说"为你选个好婆家"。这个观点到现在都适用，婆家人通情达理，小两口的关系就较少被干扰破坏，再怎么拌嘴生气，也不容易滋生出大麻烦。

好婆家并不是单指家境优渥，比家产更重要的考量因素应该是这家人之间的关系，丈夫和妻子的关系，父母和孩子的关系，孩子们之间的关系，等等。

随着心理学知识在各种媒体上的传播，"原生家庭"这个20年前普罗大众闻所未闻的概念渐渐被大家熟知、认可，很多人已经意识到，原生家庭对每个人的一生都会发生深刻的影响。

令人感慨万千的是，在婚恋关系中，无论两个人的爱情看起来多浓烈，在遇到生活的挑战时，很多人的应对方法还是不由自主地在沿用原生家庭的模式，而不是去符合最有利于二人增强关系和感情的期待。

虽然，和原生家庭的关系剪不断理还乱的不仅有男人，也有女人，但是，不得不说，在中国文化的大环境中，男方家庭对儿女婚姻的影响远大于女方家庭，所以，很少有男人会把"选个好岳母"当作婚姻参考因素。

女性则不同，传统文化会对她们有很多苛刻的要求，遇到不讲理不和睦的婆家，当媳妇的很难撇得清。与其今后不堪其扰，何不现在就躲开麻烦？

选择伴侣时，知难而上的勇气不如知难而退的智慧，选个麻烦少的好婆家，就是为自己的恋爱和婚姻都避开了一个"大雷"。

02

　　没有哪个女孩子心甘情愿找一个原生家庭状况频出的男朋友，她们要么是缺乏判断力，在选择阶段缺乏对危险信息的警惕，要么是在发现男朋友的家庭"故事"太多之后，不知如何应对。若切断关系，舍不得两个人的恋情；若继续相处，又觉得前途堪忧。就像给我来信的这位 @ 海边的金龟子一样。

　　我们先说一个好婆家有哪些特征。

好婆家的夫妻关系是大体和睦的

　　夫妻关系是家庭里最重要的关系，是所有关系的核心和基础。夫妻关系出了问题，母亲和孩子，父亲和孩子，孩子们之间，这些家庭关系很难不出问题。

　　夫妻关系有严重问题的家庭，每个家庭成员都会出现或大或小的人格问题、情感障碍问题，几乎无一例外。

　　有些夫妻不和睦的家庭，妻子常常把感情天平倾向孩子，希望从孩子这里得到在丈夫那里没有得到的关注、认同、亲密；丈夫则表现为和家人疏离冷漠，由于对妻子失去热情，对孩子也爱不起来。

比这种情况更严重的是，夫妻两人都沉溺在自己的恶劣情绪中，不是吵闹就是冷战，没有一个人关心孩子、在乎孩子，由于父母人格不完善，导致家庭气氛冰冷严酷。

在这类家庭长大的孩子，很难对恋爱、婚姻持乐观态度，因为，他们看到的第一个情感样本就是如此惨淡，他们缺乏建造一个幸福家庭的动力，也不愿把过多的精力放在家庭，喜欢朋友相聚胜过陪伴照顾家人，迷恋工作事业胜过享受家庭温暖。

好婆家是民主平等的，没有绝对的权威

有些家庭，虽然夫妻看起来没什么冲突，但有很明显的权力不对等。无论是婆婆大权独揽，还是公公称王称霸，都会在家庭里造成不平衡和不平等，尽管弱势一方可能早已经"认命"，甚至"俯首称臣"，但是，这样的家庭模式对子女的影响并不好。

父母权力过分悬殊的家庭，孩子们在潜移默化中早早学会了察言观色、看风使舵。一方面，有可能会对"当权者"阿谀奉承，说话办事投其所好；另一方面，又会对"失势者"既看不起，又出现隐性认同。这些都会导致在这样的家庭长大的孩子在掌控欲过强和破罐破摔的两极游走。

在这样的家庭长大的男孩子在进入自己的亲密关系后，对于权力博弈更有兴趣，不喜欢平等沟通，他们特别在乎是不是"我说了算"，结婚后需要老婆孩子事事顺从。在事业上，这种男人如果不能成为掌权者，比如，在单位就是个普通员工，他们则更容易不求上进，自怨自艾。

好婆家的家庭成员之间可以表露情绪说真话

有些家庭看起来风平浪静，但是，家人之间生疏、客气，每个家庭成员都不会在家里表露情绪，也几乎从不开玩笑。大家似乎达成了某种共识，用不发表意见，甚至不说真话，来换得表面上的一团和气。这样的家庭常常暗流涌动，因为无法承担真话可能带来的冲突，情绪只能被压抑，家人之间的关系也并不真正融洽、和美。

长期生活在这种不允许情感自然表露，不允许观点发生碰撞的家庭，会把自己包裹得很严，内心也隐藏得很深，畏惧交流，不善表达，也无法面对别人的敞开心扉、袒露自我。和这样的男生谈恋爱，对女孩子来说是很大的挑战。

综上所述，好婆家一定是由人格健康、成熟的人组成的家庭，贫富、文化高低都只是参考，重要的是他们之间的关系：是亲密有爱的，还是疏远隔阂的；是有说有笑的，还是冷眼旁观的；是团结互助的，还是离心离德的。

确定恋爱关系前，可以委婉地问问男生："你的父母关系如何？你们家谁说了算？你在情感上和谁更亲近？你希望成为你父亲那样的人吗？你希望找一个像你妈妈那样的女人做妻子吗？"对照以上好婆家的三个标准来寻找答案。

如果有机会，要去对方家里看看，实地感受一下他们的家庭氛围。带着一双善于观察的眼睛，一顿饭的时间就足以发现你需要的线索，能不能相处，能不能嫁，不需要别人替你拿主意。

03

确定关系之前，男生家的有些问题可以发现，有些问题就很难发现。这就出现了 @ 海边的金龟子遇到的尴尬：已经发现婆家不通情理，该怎么办？

在女孩子没有进入婚姻之前，完全不需要和婆家人正面沟通，他们还不是你的家人，你和他们的关系是由你和男朋友之间的关系衍生出来的附属关系，如果，你和男朋友分手，你和他们不就是路人吗？

简单说，你不需要把你的想法告诉他们，也没权利要求他们为你而做出改变，决定你是否继续这段恋爱关系的，是你和男朋友的沟通结果。

原生家庭是无法选择的，生长在破碎家庭、混乱家庭等不健康家庭的人都是无辜的，何况，女孩子自己的原生家庭就没有问题吗？所以，原生家庭有这样那样的状况的确令人望而生畏，但是，男朋友若能对此有清醒的认识，也愿意进行深刻的反思，你们之间的关系并不一定要画句号。

我为什么建议来信的 @ 海边的金龟子和现在的男朋友切断关系？不只是因为他的家人无理粗鲁，最关键的是这个可笑的男人情商堪忧、判断力低下，他不仅把他家人充满恶意贬损的话直接告诉了女朋友，而且，还大言不惭地说他的家人"都很善良"，他不是小孩子，已经大学毕业好几年了，世界观完全定型了，说出这么幼稚的话，真没什么好原谅的。

　　另外一些男孩子，虽然在这样的家庭长大，他们有很强的意愿改变命运，也对自我有很清醒的觉知，和他们沟通之后，常常能在很多方面达成共识，比如，如何和父母厘清界限，如何不把原生家庭的创伤迁怒于亲密爱人，如何在未来的日子里活出崭新的自己。

　　对于这样勇敢而自省的男人，一定要给他机会，也许，你从自己的原生家庭带来的很多问题还需要和他一起面对呢！也只有这样的男人，才有能力担得起你的软弱。

　　不得不说，有不少男人像 @ 海边的金龟子的男朋友一样，完全缺乏同理心，满脑子血缘关系高于一切，只要是他家人说的做的，他就完全失去了判断力，认知能力自动降级。对于这种男生，能躲就躲吧！

　　我一直强调，判断一个男人是否具有成熟的人格，一个重要的参考因素就是看他是否能客观地评价自己的父母，尤其是母亲。

　　凡是不顾青红皂白用伟大的母爱来替母亲辩护，丝毫看不出自己母亲作为凡人一定会存在人性弱点甚至人格缺陷，不敢对母亲说出半个"不"字的男人，一定是不具备成熟人格的。他们不一定品行不端，不一定为人不好，但是，在处理伴侣和母亲以及家人的关系时，肯定不会立场公允，如果，你选择了这样的人，需要提前做好心理准备了。

总之，好婆家可以为一对新人保驾护航，有时是加油站，有时是减震带；糟糕的婆家常常充当破坏儿子恋爱和婚姻的杀手，不得不防。男生对此若有清醒认知，就相当于为你们的亲密关系筑了一道防火墙，否则，以后的日子必定鸡飞狗跳、不得安宁。

好婆家重要，心理成熟、界限感清晰的男朋友更重要。

案例分享（一）

———————❤———————

葛瑞是个离过一次婚的姑娘，她和老江相爱后，本以为会和婆家很难相处，所以一直谨小慎微，对老江的父母和姐姐都非常尊重客气。因为有过一次失败的婚姻，她对这次机会格外珍惜。

老江的姐姐和她见面之后，很快对她表示了好感，老江的父母也都对她特别认可，葛瑞的担心渐渐就消失了。

老江上一段婚姻结束后，父母和姐姐都替他着急，也很心疼他，在他遇到葛瑞之后，他们非常聪明地用对葛瑞加倍的好来给老江助力。

老江每次和母亲通完电话，江妈妈都点名要和葛瑞说几句，每次的主题不是感谢，就是夸奖。"真是太谢谢你了，我儿子自从跟了你，做啥事都特顺""你说我家儿子咋这么有福气，能娶到你这么好的媳妇"，婆婆的话让葛瑞倍感舒心。

老江的姐姐每次来看他们，都会从老家带来大包小包的土特产，而且，一进家门就帮着干活，一点都不见外。

葛瑞说，有时候和老江吵架生气，一想到他的家人，很快就消了气。她觉得在她的婆家人这里，她得到了认可和关爱，特别温暖，也充满感激。

因为有这样的婆家人，葛瑞和老江本来有可能矛盾重重的重组家庭，却比很多原配家庭都和睦亲热。公公婆婆和大姑姐的通情达理让葛瑞对婚姻的信心更加坚定。

案例分享（二）

李玉和男朋友小杰相处 4 年多，感情还不错，只是她对小杰的脾气有点摸不透。

小杰平日对李玉也算温柔体贴，但是，一喝了酒就性情大变，常常用很恶毒的词语辱骂李玉，酒醒之后再疯狂道歉。

而且，小杰特别爱逞强，对朋友的要求从不拒绝，也特别好胜，经常为一些无关紧要的事和李玉争辩。

后来，李玉慢慢了解到，小杰的原生家庭有很多故事，父母从他一出生就整日争吵，他父亲还经常殴打小杰和他母亲，小杰的妈妈从小到大对他说得最多的就是，"要不是为了你，妈妈早就离开这个家了""你长大一定要有出息，妈妈以后就靠你了"。

小杰对于暴躁的父亲敢怒不敢言，对于懦弱的母亲也恨铁不成钢，他特别想快速成功，出人头地，彻底改变糟糕的命运。然而，现实的情况是他并没有过人的天赋和能力，也缺乏踏实做事的恒心，所以，压抑的情绪常常在喝酒之后爆发。

李玉也劝过小杰，不要为了父母而活，对他们的物质要求未必要事事满足，小杰却勃然大怒，说他这辈子一定要活出个样来，让他爸他妈刮目相看。

李玉很心疼小杰，但是也有点害怕他，他动起手来就和发了疯一样，没轻没重，4 年恋爱谈得提心吊胆。

后来，她的一个闺密知道了她的情况，力劝她和小杰分手，闺密用自己表姐的亲身经历告诉她，这样的男人很难改变，他和他的家人很有可能会一辈子这样纠缠下去。

闺密的表姐就嫁了一个极不和睦的婆家，表姐夫根本不懂要和父母家有界限，有一次婆婆直接到闺密表姐家借钱，表姐说钱是给孩子攒的学费，她婆婆竟然破口大骂，最可气的是，表姐夫回家后还把表姐训斥了一番，说任何情况下都不该和他妈顶嘴。

闺密对李玉说："我表姐因为孩子不敢离婚，日子过得特别不顺心。你为什么明知是火坑，还要往里跳？你还有机会啊！现在分开，是有一点痛苦，可总比以后纠缠痛苦一辈子强啊！"

李玉却一直犹豫，直到有一天偶遇闺密的表姐。

闺密的表姐之前长得好、性格好，结婚才几年，整个人都憔悴了，头发乱糟糟，皮肤干涩，眼睛里没有一丝神采，李玉觉得这很可能是几年后的自己。

想明白之后，李玉果断和男朋友分手，这期间小杰不依不饶地求复合，李玉一想到漫长的将来，就克服了心软，后来干脆去了另一个地方，彻底和小杰断绝了关系。

一年后，李玉认识了现在的男朋友，她吸取之前的教训，主动提出去男方家做客，看到这家人知书达理，父亲母亲相敬如宾，小妹妹也乖巧可人，让她放心了不少。

李玉的新男友性格温柔，很懂得沟通，两个人相处轻松愉快，李玉后来和闺密说："没想到恋爱可以这么谈，上一次谈得太累了！"

结婚后，公婆很少干涉他们的生活，遇到大事，一家人坐下来有商有量，日子过得平稳顺遂。

觉察·感悟·行动

1. 你心目中的好婆家是什么样的？结合本课内容，你可以总结出好婆家的家庭关系有哪些特点吗？

2. 学习本课后，你会从男朋友那里巧妙地了解婆家情况吗？

3. 发现婆家"故事"太多，什么情况下一定要斩断恋情？

徐徐老师好！

我今年24岁，和男朋友相处半年，各方面还不错，但是，当我知道他之前有过3个女朋友，就有点心里不爽。

可能我比较在意他，也有点爱吃醋，总之我希望他能告诉我一些他和前女友之间的事，让我知道他们是怎么分手的，是不是彻底断干净了，这样我才放心。

但是，每次一说到这个话题，他就非常不耐烦，总说我是没事找事，小肚鸡肠，还说我嫉妒心太强，等等。

我不希望因为这个事影响我俩的感情，可还是很好奇他以前的故事，总担心自己没有他之前的女朋友漂亮、懂事，所以，内心很纠结。

徐老师，我想知道，像我这样对男朋友的前任这么在意是不是不正常啊？如果我心里一直对此放不下，他又不给我解释，会不会对以后有什么影响啊？我该不该继续和他谈论这个话题？

还有，他以前谈过3个，我是他的第4任女友，我有点担心他是不是那种花心的男孩，会不会是见一个爱一个，所以，心里对我们的未来也不是很看好。

希望您能帮帮我！

@妮妮

第 5 课
盘查他的前任

———————————

01

　　其实，来信的 @ 妮妮对男友前任的好奇就是对男友的好奇，当男友拒绝和她谈论这个话题，当然会激起她的不安和惶恐。

　　没有哪个女孩对男朋友的前任会没有好奇心吧？她们面对男友曾经的恋情，内心很复杂。

　　首先，和 @ 妮妮一样，很多女孩子是嫉妒男友的前任的，因为这个女孩和她的现任男朋友共同拥有一段亲密的过去，这是他们两个人私密的记忆，也可能一生都忘不了。一想到这点，女孩子们就很难淡定。

　　其次，作为现任女朋友，之所以很想知道他前任女朋友的各种信息，是因为她很怕在男朋友的心里，自己会被比下去。所以，对这个假想敌多一些了解，心里好像会踏实一些。

最后，大多数女孩子都会和 @ 妮妮一样，想知道男朋友和前任们是否"断干净了"，不仅在关系上是否切割清爽，还有内心里是否留恋难忘？女孩子的直觉告诉她，这些因素对他们现在的恋情会有影响，怎么能不问清楚呢？

不得不说，和初恋结婚的人是少之又少的，所以，无论男女，在一段恋情中，甚至在婚姻中，一定会遇到和前任有关的话题——自己的前任以及对方的前任。

这个话题绕不开，也不应该绕开，每个人的前任都是自己曾经的过往，那个爱过的人就是你过去经历的映照。

所以，从一个人曾经爱过什么人来观察他，是非常独特的角度，也常常会有深刻的发现。

心理学上有种说法，每个人喜欢的异性常常是一类人而不是某个人。对女人来说，男人有不同的类型——暖男、大叔、霸道总裁、职场精英、帅气小哥、阳光大男孩，等等；对男人来说，女人也有不同的类型——萝莉、御姐、阳光少女、贤妻良母、性感女郎，等等。虽然这么分类有点武断，但就像人的口味相对不会变，对异性的特定类型的喜好其实也不容易改变。

而且，一个人和异性的相处模式也是很难改变的，比如，和前任相处斤斤计较的，和现任相处时也很难变得落落大方；和前任经常任性闹分手的，在新的恋情中也会故技重演。除非，这个人对过往进行了深刻反思，认知发生了较大的改变。

了解一个人的前任，就是了解他的恋爱"口味"和恋爱行为模式。这是预测现任恋情走向的最快方法。

所以，女孩子对男朋友的前任有好奇心无可厚非，但是，不要让好奇心冲昏了头脑，整天死缠烂打地对男朋友刨根问底，该问的没问出来，不该问的乱问一通，没有获得对恋情有帮助的信息，却显得自己缺乏涵养，反而会对恋情造成伤害。

面对男友前任这个话题，女孩子首先要把自己的情绪打理好，要知道，男朋友在遇到你之前可以和任何人相爱，他有前任很正常，不是劈腿，更不是出轨，不需要对你有任何歉疚之心，所以，不要用一种审问的心态对待他，更不能对人家进行批判。

女孩子因为嫉妒心而不爽男友有过前任，这是你自己要处理的幼稚情绪，对方并没有责任。

还有，男朋友对于前任的话题，可以选择说或者不说，说多少，怎么说，都是人家的权利，为此和他吵闹就是你的无理，而不是对方的过错。

如果因为他闭口不谈，或者因为不喜欢他的表达方式，你感到不舒服了，可以心平气和地告诉他，如果沟通多次仍然无法达成共识，分手是你的权利。

02

　　对待男朋友前任这个敏感话题，不仅可以谈，而且必须谈。女孩子们要学习的是如何谈，什么问题不应该问，什么问题应该问，以及应该怎么问。

　　关于男朋友的前任，不应该问的问题是：

　　　1. 你们之间身体关系到哪一步了？

　　　2. 你现在是不是还没忘了她？

　　　3. 她漂亮还是我漂亮？

　　　4. 是你甩的她还是她甩的你？

　　这些问题之所以不该问，是因为它们都是封闭式问题。封闭式问题的特点是要求对方必须做出明确回答，要么在是和否之间选择，要么在 A 和 B 之间选择。这样对恋人提问题，简直是一剑封喉。什么意思呢？就是说对方如果真的如实回答，你肯定立即崩溃。

比如，男朋友若如实回答：和前任上床了，还没忘了她，她比你漂亮，是她"甩了我"——你能受得了吗？

而且，即使他这样回答，并不说明他人品差，或者你们之间的感情有问题，所以，这些问题并不能帮你更好地了解他。

围绕前任的话题，应该是为了更深入地了解男朋友，出于嫉妒心小心眼的情绪式提问，还是免了吧！

向男朋友问起前任，应该带着平和的好奇心，所问的问题也应尽量是开放式的，不是非此即彼、非黑即白的选择题，而是可以阐述发挥的论述题，给他空间去阐明事实，表达感受，发表观点。

而你要做的，正是从他回答的方式和内容里找到你想要的信息，读懂他没说出的话外音。所以，你只要用正确的方式问对问题，借着前任这个话题，你就会对他有更多了解。

其实，问题不必多，有时候一个问题就可以让你获得很多信息，比如："你和你前女友是怎么分手的？"

有的男生会有第一种反应：含糊其词，回避躲闪。

一般来说，这说明他和前女友的分手不愉快，他要么心有不甘，要么心有余悸。

如果他对这个问题反应激烈，甚至大发雷霆，说明在他和前任的感情里埋着许多"地雷"。

这就要小心了，无论他们之前是谁"甩了"谁，那不重要，关键是男生在这个问题上的这种反应，是不正常的，女孩子应当留意到这种反常，并且试着去找出反常背后的原因。

有的男生则是第二种反应：正面回应，坦然应对。

如果男朋友能够讲述上一段恋情分手的缘由，没有回避和隐藏，那说明他已经基本从那段感情里走出来了，也说明双方的恋爱和分手并没有太"狗血"，不至于不堪回首。

如果他没有贬低对方，而是客观承认两个人的分歧，甚至能反思自己当年做得不好的地方，表达出希望可以在新的恋情中做得更好，那这个男孩子就比较可贵了。

匪夷所思的是，有些男生用贬损前女友的方式来向现女友表忠心，现女友还挺吃这一套，这真是大错特错。他对曾经爱过的人这么没有"口德"，把相处中的不愉快或者分手的责任都推给女方，谁能保证他在新的恋情中不会故技重演、旧病复发？

毫不客观、口无遮拦地批判前女友的男生，不是好男友好丈夫的人选，女孩子要慎重。

03

　　从一个男人如何解释和前任的分手，我们可以看到他的很多人格特质——是回避的还是坦然的，是推卸责任的还是善于反思的，是情绪暴躁的还是淡定从容的。这些特质一定会在他的现任恋情中重现。

　　除此之外，以下几种情况需要女孩子格外警惕。

**　　第一种，男朋友的前女友具有非常明显的人格缺陷或道德缺陷。比如，酗酒、私生活不检点、诈骗钱财，等等。**

　　如果他和这样的前女友交往时间很长，即使不能表明他们肯定是一类人，但也说明这个男人的心灵有严重残缺，或者道德感低下，至少极其缺乏判断力。

　　发现男朋友的前任有严重问题，可以听听他的解释，同时更应该放慢你们的情感进度，冷静观察，不要轻易谈婚论嫁。

　　而且，这类有严重人格或者道德缺陷的女人，一旦因为某种原因纠缠她的前任你的现任，几乎会不择手段，也肯定会殃及你，你确定你能应付得了吗?

热播剧《知否知否应是绿肥红瘦》里,顾二爷的前任就是个性格乖张、品行不端的女人,她一次又一次破坏顾二爷的婚事,在明兰嫁给顾二爷后,她也不安生,甚至对明兰动了杀机。

追剧当观众,当然是看热闹不嫌事大,冲突越多越好看,但对于现实生活,有智慧的人都明白多一事不如少一事。

第二种,男朋友对前女友念念不忘,用情太深。

心中保留对前任的美好回忆,这本无可厚非,但是,如果分手之后,仍然在前女友身上倾注太多的感情,对过去无法忘怀,就是一件令现任比较尴尬的事了。

作为他的现女友,如果你发现他和你在一起时,常常表现得"人在曹营心在汉",对于和前女友有关的任何事都格外在意,对你的事却总是在应付,那么,无论他怎么找理由找借口解释、撇清,你都要留心了。

很显然,他对前女友没有死心,如果他前女友提出复合,现女友是不是立即就要出局?即使他前女友毫无复合之意,以他这种心猿意马的状态,能否和新女友开启一段新的旅程?

《知否知否应是绿肥红瘦》里,女主的初恋小公爷在婚后仍然深爱着前女友明兰,他和妻子在一起时,虽然相敬如宾,但也心如止水。明兰家着了大火,他不顾身份第一时间冲到现场救火,用情之深令人动容。

但是,如果你是剧中的那个妻子,恐怕就会气得浑身发抖吧?

剧中的那个妻子用很长时间转变态度,从愤怒、嫉妒到理解、包容，渐渐感化了小公爷，小公爷才走出对前女友的不舍，和妻子有了感情。

看到男朋友对前女友的深情，你愿意给他时间去忘却，当然很好，只是你要确信自己一定能被他真正爱上。如果你想把未来交给运气，期待他随着时间的流逝自己回心转意，我觉得失望的可能性更大。

每个人都有自己处理感情问题的方式，遇到男友的前任这个敏感话题，回避不是办法，主动面对，有技巧地盘查，才会让恋情更有把握。

女孩子选择伴侣时，如果能从男朋友的前任故事里读懂他的过去，就能读懂他的现在，读懂你们的未来。

案例分享（一）

❖

　　杨梅和男朋友强哥相爱时，都有前任，而且，不止一个。

　　杨梅曾遇到过非常不靠谱的前任，让她心灵受过伤害，但是，在修复创伤的过程中，她渐渐成长了，也明白了自己为什么会选择那样的人。

　　和强哥相爱后，杨梅非常坦率地讲了自己的过去，以及自己从之前的感情中受到的伤害和获得的成长。强哥也告诉了杨梅他和前任的感情经历。

　　强哥的最后一任女友非常优秀，强哥曾经也很爱她，但是，两个人对未来的展望差异过大，于是和平分手。

　　对这段刻骨铭心的恋情，强哥没有回避，而是告诉杨梅他的思考，他说："其实，两个人相爱固然重要，合适也很重要，我和她就不合适做恋人做夫妻，做普通朋友没问题。"

　　杨梅对于强哥在这个问题上的理智成熟非常满意，很显然他已经完全从以前的感情中走出来了，带着全新的热情对待他和杨梅之间的关系，这让杨梅心里很踏实。

　　强哥对于过去，有一段话说得特别好，他说："我们都应该感谢我们的前任，没有他们，不会有现在的我们。"

案例分享（二）

"薇薇安终于和那个渣男分手了！"

这是薇薇安的闺密们对她上一段恋情的评价。

薇薇安的这个男朋友不仅颜值高，而且，特别会哄女孩子开心。薇薇安和他在一个朋友的生日派对上相识，很快就被他追上了，一开始，两个人天天在朋友圈秀恩爱，很让人羡慕。

但是，朋友们渐渐地获知了这个男生的信息，他不仅前女友众多，而且，每一任都相处不长，前任们对他颇有微词，甚至有前女友爆料他借钱不还。

闺密们把这些消息透露给薇薇安，她却不以为意，说那是他的前女友们嫉妒他们现在的幸福，故意抹黑他。

看她这个态度，大家也不好说什么，只能提醒她多加小心。

几个月之后，薇薇安发现男朋友动不动就玩失踪，电话微信都联络不上，而且，不再像追她时甜言蜜语，总哀叹自己运气不好。

后来，他就开始向薇薇安借钱，每次都数额不大，薇薇安不好意思拒绝，也希望能继续这段感情。

又过了几个月，薇薇安的闺密用手机拍下这个男人和另一个女孩拉着手逛街的亲密画面，薇薇安才不得不面对现实，被借的几万块钱也不好追回。

薇薇安终于承认看错了人，她总以为自己是特别的，那个男人骗别人但不会骗她。其实，那个男人和若干前任的过往就预示出他的人品，他能那样对待前女友，为何这次就不同？

男朋友的前任有时候可以充当"照妖镜"，可以帮现任认清这个男人是人还是"妖"，他的前任们犯过的错，你根本没必要再犯一次。

觉察·感悟·行动

1. 有关男朋友的前任故事，你知道哪些和你有关，哪些和你无关吗？

2. 男朋友有过怎样的前任需要格外警惕？现实生活中，你听到过类似的故事吗？

3. 对于男朋友的前任，你最在意的是什么，他知道吗？你希望他知道吗？为什么？

徐老师：

　　您好！

　　我今年30岁，谈过几次恋爱，最长的5年，最短的半年。

　　每次的恋情我都投入了真情，也非常认真，但是，结局总是令人伤感。我不能说都是人家不好，但我总感觉没有找到对的人。

　　我对于催婚逼婚之类的事情没有太大的压力，我的压力来自我自己内心的困惑，这么多次恋爱经历之后，我其实有点害怕再次进入恋情，我不认为我有能力在下一次恋爱中有不一样的结局。

　　我周围很多女孩子和我有类似的困惑，我们渴望爱情，也希望在未来的日子里能进入婚姻，可以有自己的孩子，享受家庭的幸福。这种期望并不单单是满足父母对我们的期待。

　　但是，老一辈人对于婚姻的要求对我们这一代人来说太低了，我们和父母的冲突不是我们不想结婚，而是不想像他们那样凑合着结婚。

　　我知道您一直在做婚恋课程，您自己的婚姻也很美满，所以，很想向您请教，男生身上哪些品质是日后成为好伴侣的保证？如果您身处我们这样的年龄，您会选择什么样的男生？越具体越好。

　　期待你的答复，祝您工作顺利！

@阿奇

第 6 课
认出潜力股，找到 Mr.Right

────────────

找到对的人是恋爱阶段最重要的功课，成功的恋爱不一定耗时很长，和错的人纠缠再久也不会有对的结果；恋爱经历丰富也未必能拥有优质的亲密关系，缺乏总结和思考的经历对未来没有任何指导力。

我想，@ 阿奇这样的女孩子是希望通过婚恋课程的学习，提高自己在择偶方面的判断能力。

很难说 Mr. Right 是第一眼就能发现的，很多女孩子对此有浪漫的期待，总希望有一天可以"一见钟情"地遇到这个人，然后，就可以无忧无虑地相爱一辈子。

实际的情形却未必是这样，也许你要去费力寻找，也许你需要提高辨识力，才能够认出那个对的人。总之，这不是一件轻而易举的事。

我有 20 多年的婚姻经验，也认识很多男性朋友，更辅导过上百对夫妻、情侣。我从找到一位未来好丈夫的角度给女孩子的建议是：要认出那个"潜力股"男生，当前的他也许物质条件、外貌条件都不抢眼，但是，若具备以下 6 条优秀潜质定会让他未来可期。

第 1 条：幽默感

很多女生低估了幽默感对于一个男人的价值，以至于偏爱有钱的男人而不是有趣的男人，这真可惜。

一个男人具有较强的幽默感，说明他在很多方面优于其他男性，尤其在以下两方面有明显优势。

1. 良好的基因方面

不得不说，幽默感基本上是天生的，后天学习可以让人理解幽默，未必能让人有制造幽默的能力，有较强幽默感的男人肯定基因不错，智商情商都不低。

有幽默感的人具有创造力和复杂高超的认知技能，这些能力可以抵御基因突变带来的高风险。

2. 建立和维系社会关系的能力方面

没有人不喜欢幽默的人，他们对事物有独到的眼光和有趣的表达，让周围的人感到轻松，并且情不自禁地想和他们保持连接。

一个男人如果认死理、钻牛角尖，会断送很多机会，幽默的人正相反，他们看问题更达观、更洒脱，往往会发现很多机会。

有幽默感的男人不多，一旦发现，就要格外留意，不要轻易拒绝那个能把你逗笑的男生。

第2条：爱买单

一个男人的慷慨大方预示着他有较强的事业心和领导力，一群人里抢着买单的那个，日后的发展不会差。

朋友聚会时，到买单时总有形形色色的表现，低头玩手机的、借故上厕所的、假装没听见的，不会有大出息，那些默默地提前把账单结了的男生不是人傻钱多，而是更有情义，也更有眼光，这样的男生必须多看几眼。

谈恋爱时，我先生很穷，有一次我陪他和一帮和他收入差不多的朋友吃饭，结账时大家都看他，他好像很习惯地掏出了钱包，其他人也没有任何不自在，那时我就看出，这个看起来经常让别人"占便宜"的男人，是个有担当的人，跟着他不会差。

有眼光的女生都知道，一个男人怎么可能请客把自己请穷了？愿意和大家分享的人，获得资源的机会肯定多，大家也更愿意和他合作，这样的人当然更有前途。

有些女生只在乎男生是否给自己花钱，不喜欢他对朋友"瞎大方"，其实是没有意识到，在任何一个团体中吝啬算计的人，早晚会被边缘化，越小气，越没钱。

第3条：朋友多

一个人是否易于相处，看他是否有朋友。整日形单影孤的男人个性难免怪异，除了事业发展很难顺畅，作为生活伴侣也会问题多多。

有些女生反感男朋友的哥们儿太多，其实，这样的人随着年龄的增长一定会优化、精简朋友，真正要警惕的是那些没能力交到同性朋友的男生，他们被朋友圈排斥的原因很可能是性格上有大缺陷。

男人在和朋友相处时会有强烈的归属感，被朋友认可也是他们自尊的支撑、快乐的来源，所以，他们会在和朋友交往的过程中有意无意地矫正自己，尽可能让自己不自私、不自恋，这是男人在家庭之外被教导的"第二课堂"。所以，朋友圈里受欢迎的男生一般会有大众喜欢的个性，这样的人，不仅事业更有前途，将来处理家庭关系，能力也更强。

第4条：利他人格

利他人格是一种亲社会人格，是人为了更好地适应社会、建立社会关系、实现自我价值，而自发形成的一种有利于族群或他人的行为模式。

具备利他人格的人更有共情能力，愿意从他人的角度考虑问题，而且，相信世界是公平的，相信好心会有好报，同时，他们把帮助他人视为自己的社会责任。

与其说具有利他人格的人是无私的，不如说他们是聪明的，这样的人更懂得从与他人的互助而不是竞争中获得利益。

具备利他人格的男人是什么样的？在学校，他们会不计较个人得失为集体付出；在单位，他们会主动承担任务，乐于帮助他人；在社会上，他们有公益心，同情弱者，乐善好施。

如果你的男朋友经常在街上被别人问路，而且他每次都热情解答，恨不得亲自把人家带过去，你一定要好好珍惜他。

当年我先生和我还是普通朋友时，我是记者，别人大多想找我写个免费宣传稿，他却屡次向我反映社会问题，因为上班路上经常见到垃圾车污染路面，他甚至要买个相机拍下来，让我帮他登在报纸上。虽然觉得他有点不谙世事，但他的正义感非常打动我，事后也证明，这样的人对家庭更有责任感。

第5条：善于合作

善于合作的人具备两个特点：一是对自己有清晰的判断力，二是变通性很强。

朋友聚会时夸夸其谈、自吹自擂的人，不用问他的同事，你也应该判断出他在单位的表现，把自己看得过高的人，在团体中一定不好合作，不受欢迎。

和女朋友的出游计划因故需要调整，有的男生会怨天怨地摆臭脸，有的男生则面带微笑改机票改酒店。别以为这是小事，缺乏变通能力对男人来说是大缺陷，无论他脸有多帅腿有多长，都要慎重考虑。

要知道，男人若是不善于和别人合作，不仅事业上前途暗淡，和伴侣的关系也会冲突不断。

第6条：父亲特质

年轻女生找男朋友时，很少会考虑对方是否有父亲特质，但是，有这个特质的男生不仅会是将来的好丈夫、好父亲，在恋爱阶段也会是好伴侣。男生若有以下3个特点，没可能成为好父亲。

1. 自恋

自恋的男人凡事以自我为中心，时间、经历和金钱都愿意花在自己身上，他们不是为家庭主动付出的人。

有些颜值高或能力强的人，都有自恋倾向，尽管他们很吸引异性，但是，在婚姻里会让伴侣吃苦头。

2. 不求上进

不求上进的男人一定没什么责任感，也许他现在因为享有家庭的资源（比如某些富二代），生活过得相当不错，但是，这样的人并没有抚养家庭和孩子的能力和意愿，女性若贪图他当下的物质条件，就不要在日后抱怨他不疼老婆、不管孩子。

3. 情绪不稳定

情绪不稳定可不是脾气不好这么简单，这样的人易走极端，是实施家暴的潜伏者。

有些女孩对于那些好起来把她捧上天、喝醉酒就拳脚相加的人缺乏警惕，他们不仅不能嫁，而且，作为恋爱对象都很危险。退一万步说，即使你能忍受他的喜怒无常，你愿意未来你的孩子有这样一个父亲吗？

具备父亲特质的人有以下 3 个特点：

1. 善于倾听

能够认真听别人讲话，不插话，不评论，是同理心强、沟通力强的表现，同学聚会、同事聚会，一旦发现这样的男人，多留意。

2. 做事耐心

做事耐心，特别是做小事耐心的男人，不可小看。他们一定内心安静，在平凡的事情上能找到快乐。这样的人，不会贸然干危险的事，也不会情绪失控。

那个替你细心地把发卡粘好或者不厌其烦地帮你整理书桌的男生，别再忽视他。

3. 性格宽容

80后、90后男生，独生子居多，在家也都是娇生惯养，性格甚至比女生更娇气。

如果，能遇到一个年纪轻轻还不挑剔、会包容的男生，那真是捡到宝了，这样的人不仅容易成为好伴侣，将来对孩子也会更接纳。盯紧他，别错过。

女生择偶阶段容易犯的错误是总想一步到位，找到一个各方面都非常优秀的男朋友。这样的男人不是没有，而是实在太稀缺了，你很可能根本不会遇见，即使有机会认识，对方不一定喜欢你，与其执着在这样极小概率的等待上，不如把眼光放宽一点。

那些具备优秀潜质的好男人坯子，就是日后会大放异彩的潜力股，这样的男人数量就相对多一些，相遇的可能性更大。只要你能从人群中认出来，给他机会，他就会不负所望，成为你的好伴侣。

这样的人，不就是最应该去寻找的 Mr.Right 吗？

案例分享

❤
————————

柠檬出嫁时，闺密们没一个羡慕她，她找的老公太平常了。

柠檬和老公是相亲认识的，他相貌普通，工作普通，家庭普通，柠檬各方面条件都要优越一些。

但是，很多人不知道，柠檬的老公个性非常有趣，经常把很普通的一件事讲得绘声绘色，把柠檬逗得哈哈大笑，而且，这个男人很会交朋友，每次出去喝酒，不仅抢着买单，而且，还会一直保持清醒，把每个人都送上出租车。

柠檬最看中她老公的是，这个人非常有上进心，对工作从来不抱怨，经常替同事加班，没什么私心，而且，他还会在柠檬因为多干工作而发牢骚时劝解她："多干肯定不吃亏，现在这时代，偷奸耍滑的人迟早被淘汰。"

事实也证明了这一点，她老公在结婚3年后被提拔成部门负责人，而且很被领导赏识，工资待遇都有很大提升，柠檬自己的工作也干得很出色，两口子的生活越过越有品质。

柠檬在老公的建议下，没有结婚后立即要孩子，他说："既然养孩子，就要争取给孩子创造相对好的条件，别让孩子受委屈，我好好干3年，争取让孩子一出生就住在咱们自己的房子里。"果然，孩子出生时，他们已经从出租房里搬到了自己买的房子里，虽然有很多年的贷款，但孩子父亲上进负责的态度让柠檬一点也不担心。

柠檬告诉闺密："他不一定多么会哄我开心，但他愿意听我说话，在我不开心时愿意耐心陪着我，和他在一起，我变得更开朗，更有自信。"

在柠檬结婚十周年的宴席上，已经升为公司高层的老公看起来气宇轩昂，他们的女儿聪明伶俐，一家三口有说有笑的样子看起来很让人羡慕，柠檬的大学同学和闺密们悄悄议论说："还是人家柠檬有眼光，她老公年轻时那么普通，没想到现在这么有出息，连长相都变得有魅力了。"

觉察·感悟·行动

1.学了这一课，你知道有怎样潜质的男人日后会是优质伴侣吗？

2.什么样的男人没有父亲特质？你会被这样的男人吸引吗？为什么？

3.善于合作的男人有什么特点？你周围谁在这方面最突出？他如果单身，有可能和你成为伴侣吗？你考虑过他吗？

相爱容易相处难，谈过恋爱的人都知道。

最让人遗憾的分手，是两个人明明相爱，却因为不会相处而黯然离去。最令人佩服的高手，是把 60 分的基础谈出了 80 分的感情。

找到了一个合适的恋爱对象，并不意味着爱情就必然会顺利，更不意味着将来就必然能走入婚姻，还是需要双方在相处的过程中，既会表达爱，也会处理冲突，还能接受差异。

会谈恋爱的女孩不会一味地要求对方心疼自己，甚至迁就自己，她更愿意做一个主动者，学习沟通的方法，了解彼此的差异，同时，有非常强的心理弹性应对爱情中的各种状况。

谈恋爱就像跳交谊舞，配合默契至关重要，但是，不可能要求两个人一开始就不差分毫地旗鼓相当，女孩子若能掌握主动，带动对方一起成长，恋爱成功率会很高。

会爱是一种通往幸福的能力，掌握这个能力，不会错过爱情。

不肯改变，被动等待，对相处中的问题后知后觉，都会使开局还不错的恋爱，慢慢走进死胡同。

会爱就是懂得双赢，不要"作"，不要考验对方，真心相爱就会互相呵护。

能看上你的好男人没你想的那么多，好好谈，对得起自己，对得起爱你的人，也对得起难得的好机会。

嫁人不能靠运气

24 COURSES OF LOVE
AND GROWTH FOR GOOD GIRLS

好女孩的
24 堂
恋爱成长课

第二章

会 爱 才 会 赢 —— 好 好 谈

CHAPTER 2

徐徐姐姐：

　　我和男朋友谈了一年多了，我挺爱他，他也爱我，可是，不知道怎么回事，我们在相处过程中总会发生不愉快，有时候，我明明是好心，他就是不理解。

　　他总嫌我不会说话，太噎人，说："什么好话到你嘴里咋变得这么难听？"我很生气，觉得他不领情。

　　我很珍惜这个男朋友，我们是克服了很多阻力才在一起的，我希望能和他有一个美好的结果，所以，特别不愿意让目前的不愉快和争吵破坏我们之间的感情，但是，又觉得有点无能为力。

　　徐徐姐，您一定要帮帮我，我特别害怕由于一些误会而让他远离我，希望您能告诉我，谈恋爱时应该怎么和他好好沟通，做什么能让他知道我是爱他的，在乎他的。

　　我妈和我爸是吵吵闹闹一辈子的夫妻，他们两个也不是感情多么不好，我感觉就是不会沟通，才总是发生争执。我不希望我以后的婚姻像他们那样，也很害怕自己"遗传"了他们的坏习惯，所以，特别迫切地想听到您的讲解。

　　　　　　　　　　　　　　　　　　　　　　@爱会飞上枝头

第7课
嘴甜的姑娘会恋爱

01

相爱容易相处太难，很多恋人都发出这样的感慨，他们和来信的这位 @ 爱会飞上枝头一样，由于不会沟通，不会表达，经常和恋人发生冲突和争吵，爱情的甜蜜常常被这样的不愉快搞得变了味。

为什么明明心里有爱，说出的话却惹怒了对方？为什么想让对方感觉到爱，做出的事却让两个人的距离变远？恋人之间的这些困惑，进入婚姻里的人一样会有，在恋爱阶段没有学会表达爱，结婚之后很可能就会成为 @ 爱会飞上枝头的父母那样的吵闹夫妻，不能说没感情，但婚姻质量不高。

美国著名婚姻专家盖瑞·查普曼先生的著作《爱的五种语言》

畅销全球，被译成 49 种语言，累计销量达到 1000 万册。在这本书里，盖瑞·查普曼先生指出，爱不仅需要表达，而且有不同的表达方式，所谓爱的五种语言就是五种表达爱的方式。

这五种方式分别是：肯定的话语，贴心的礼物，陪伴的时间，细心的服侍以及身体的接触。

我给 @ 爱会飞上枝头的建议是学会这五种爱的表达方式，谈一场甜甜蜜蜜而不是吵吵闹闹的恋爱。

本节课我们主要讨论的是第一种爱的表达方式——肯定的话语。说得直白一点，就是学会夸他。

心理学家威廉·詹姆斯说："人类最深处的需要，就是感觉被人欣赏。"这个需要很可能一直未被满足，在原生家庭中，父母错误地把严厉和苛责当作爱的表达，使得很多人长大之后，对于被欣赏被认可的渴求非常强烈。

都说女孩子的第一任恋爱老师就是自己的妈妈，这话有一定道理。然而，令人遗憾的是，许多家庭里的女主人——孩子的母亲，都不善于用赞美鼓励的话来夸奖、认可家人，无论是对孩子，还是对丈夫，很少用正面肯定的言辞来激励他们。

于是，在恋爱中的女孩子不知不觉中就采取了她们从母亲那里习得的表达方式，"打是亲，骂是爱"，总是用挑剔、刻薄的语气表达需要，让恋人产生被批评、被攻击的强烈不适。

比如，女孩子希望男朋友在她下班比较晚时能来接她，如果她这样表达："亲爱的，我这几天下班有点晚，一个人回家有点害怕，你要是不忙，能过来接我，我就不害怕了。"我想，男朋友肯定不会拒绝。

但是，她是这样说的："你就一点都不心疼我！人家别的男朋友都早早地等在门口接女朋友，你倒好，我不说你就装傻是不是？我真是瞎了眼，怎么找了你这样的人！"

很少有男人听到这样的话会感到受激励，然后立即变成一个体贴细心的男朋友吧？他们肯定会觉得自己被无缘无故地指责，不仅不想好好表现，而且有了破罐破摔的冲动。

所以，要想谈一段高质量的恋爱，女孩子最需要学习的就是如何聪明地表达自己的爱，表达自己的需求，表达自己的感受。学会在沟通中用夸赞代替打击和责怪，是最省时、最高效的爱的语言。

都说女人喜欢听甜言蜜语，其实，男人这方面的需要一点不比女人少，只不过，在我们的文化背景下，女人可以娇嗔地责怪男朋友或丈夫"你就不会对人家说点好听的"，男人却羞于向伴侣"求夸奖""求鼓励"，认为那样会显得自己太矫情，不够阳刚。

被压抑的需求不仅不会消失，反而会变得更加强烈，亲密关系中的男人都会有非常大的心里渴求，那就是被伴侣赞美、夸奖，他越在乎你，越需要你的肯定。

02

　　当我们明白恋人对于赞美和夸奖的需求之后，就要想方设法去满足他，让他在亲密关系里感受到在其他社会关系里都求而不得的充分的认可和鼓励。

　　有些女孩对我说："我知道他想让我夸他，也知道这样对我们的关系非常有帮助，可我就是不知道该怎么夸他，从小我就嘴不甜，有时候也看不出他什么地方值得夸，总不能睁着眼说瞎话胡夸乱夸吧？"

　　对于恋爱中的女生来说，看不到男朋友的优点和长处，既是影响自身幸福感的原因，也是两个人的感情无法变得浓烈炽热的原因。

　　所以，学习赞美人和夸奖人，不是要学习一种用语言"贿赂"他人的技巧、手段，而是要学习从内心深处去发现另一个生命的闪光点。

　　通俗点说，嘴甜必须心甜，这才是让恋爱长久甜蜜的正道。

　　当你能够轻而易举地看到恋人身上的闪光点，自然而然地把它说出来，就不会觉得夸赞恋人是一件多么为难的事了。

那么，如何才能具备发现他人长处的眼力呢？

首先，我们要知道，是什么蒙住了我们的双眼，让我们看不到别人身上明显存在的优点。

著名心理学者武志红老师说，每个人的自恋都有两重意义。第一重，我是对的；第二重，我比你强。当我们对此毫无觉察时，就会在与他人互动时，带着这两重自恋的期待而看待他人。

在一般的人际关系中，我们都会有所收敛，而在亲密关系中，就会把这样的自恋完全呈现出来。而阻碍我们看到恋人身上闪光点的根本原因就是这两句话：我是对的，我比你强。

这是很多人根本没有意识到的内心宣言，在这样的自恋宣言指导下，一定会有下列三种表现。

1. 求全责备

恋人做对了十件事，有一件没做好，女孩子就心生嫌弃，觉得男朋友"怎么这么笨""这么点小事都做不好""如果是我，一定不会这样"，于是，对着恋人一顿数落。而且，之后也会经常提起，想让男朋友为此羞愧。

本应该夸奖的九件事被完全忽视，没做好的那一件事被无端放大，只有这样，才能证明男朋友是错的，"我是对的"，而且，他"不如我强"。

2. 期望过高

女孩子如果潜意识里总感觉自己是对的，是比对方强的，就会对男朋友产生不切实际的过高期望。

这样的女孩子心目中有一个完美恋人的形象，她会觉得只有"他"才配得上"完美"的自己，于是，她就按照这个形象要求现实中的男朋友。尽管男朋友已经很努力，甚至很优秀，但是，和这个完美形象相比，肯定相差很远，于是，批评、指责接踵而来。

很多女孩子觉得自己的男朋友身上找不到一丝可夸之处，面对挺优秀的恋人却夸不出口，他们就是被自己过高的期望值弄昏了头。

3. 以己度人

有些女孩对男朋友的很多不满，源自她受不了男朋友和她不一样。

男朋友在乎友谊，和大学同学来往紧密，她颇不以为然，认为"毕业了还经常聚会真是很无聊"；男朋友周末主动加班，她认为他"没事找事"；男朋友业余时间喜欢电玩游戏，她觉得"不务正业"……

总之，因为她总觉得"我是对的"，所以，不符合她的喜好和习惯的一切行为，都是需要改正的缺点和毛病。

其实，男朋友经常和大学同学聚会，说明他重情义，人缘好；男朋友主动加班，说明他责任心强，前途无量；男朋友喜欢玩游戏，说明他童心未泯，性情可爱。

如果总带着以己度人的自恋眼光，男朋友本来值得夸奖的优点，就会被你看成需要改正的缺点。

03

法国著名雕塑家罗丹说："世界上并不缺少美，而是缺少发现美的眼睛。"同理，恋人身上并不缺少值得赞美的优点，而是缺少发现这些闪光之处的眼睛。

女孩子若能觉察到自己在亲密关系中的自恋情结，就会慢慢地放下"我是对的""我比你强"的执念，带着"我很好，你也很棒"的自信，发现恋人作为鲜活生命一定会有的独特之处、闪光之处。

做到这点之后，就需要学习如何在日常生活中带着爱意和感谢表达对恋人的赞美和夸奖。

那么，男生希望在哪些方面被恋人肯定呢？

1. 基因认同

没有人认为自己是劣等基因，这等于在生命的根上被否定。男人作为精子携带者，可能比女性更希望被认同基因。

夸男人长相周正、头脑聪明就是对他的基因进行赞美，如果由此衍生出对他的家人和家族的认可，就会更加显得有说服力。

比如说："真希望以后咱们的孩子能像你的眼睛／皮肤／大长腿，你们家这方面遗传得真好！"或者说："你知道吗？我好羡慕你聪明的脑瓜，那么复杂的问题怎么一下子就能找到解决办法？"

2. 人品认可

人品是人的品质或品格，指个体依据一定的社会道德准则和规范行动时，对社会、对他人、对周围事物所表现出来的稳定的心理特征或倾向。

对男人的人品进行夸奖和认可，会让他们有强烈的道德满足感，进而产生自我完善的动力，期望在被夸赞的行为或举止上更加优秀。

比如，男朋友施舍街头乞丐时，你告诉他："我知道你特别善良，每次看到他们都忍不住要给钱，虽然知道他们有可能是骗子，可我喜欢的就是这样的你。"而不是说："你脑子进水了吗？谁都知道那些人是骗子，你还总给他们钱。你是不是觉得自己很有钱啊？"

3. 能力夸奖

能力不仅仅指能挣钱，男人在很多方面的能力都需要被看到、被肯定。厨艺好，是一种能力，会倾听，也是一种能力，还有，会修理电器，会讲笑话，会打扮自己，会写作，会交朋友，等等。只要善于观察，几乎每个男人都有可夸的能力。

很多女孩子经常抱怨自己男朋友没本事，"啥也不会"，其实是她们对于本事和能力的定义过于狭窄，只要不是能够带来物质回报的能力都不入她们的法眼，所以，才看不到恋人独特的本事。

女孩子可以这样对男朋友说："你知道我为什么什么事都爱和你说吗？因为你有倾听的能力，虽然你一句话都不说，但是，只要你在听，我说完了，心里就特别舒服。"试想，这样的话和责怪男朋友不会安慰人、"就会傻傻地听"相比，哪种更会促进两人的关系呢？

4. 性别优势

不可否认，男女各有性别优势，从智力结构上讲，女性在语言流畅、记忆、知觉速度等方面较占优势，男性在算术理解、空间关系、抽象推理等方面较占优势。其他方面，男性体力好，女性耐力强；男性善于处理事情，女性擅长应对心情。

聪明的女性和男性相处时不会贬低对方的性别特征，比如，"你们男人就是笨手笨脚"，或者，"和你说过多少遍了，怎么就是记不住？你的脑子是干什么用的？"她们会在不经意间强调对方的性别优势。比如，"这么重的箱子你一下子就搬起来了，要不是你来帮我，我真是没办法啊！"还有，"我开车总记不住路，你的方向感怎么那么好啊！"

如果希望男朋友多关心自己，可以这样表达："你们男人理性思维好，不会钻牛角尖，我们女人不一样啊，容易情绪化，你总不给我打电话，我就会东想西想，所以，你要迁就一下我嘛！"

男人被伴侣给予性别上的夸赞，会激发他们的雄性气质，对伴侣更有保护欲，更有柔情，也更有能力应付外部世界的挑战。

我一直认为，在"爱的五种语言"里，"肯定的话语"是每个人最应该学习的表达爱的方式，它成本最低，花费最少，效果却最好。特别是在恋爱关系中，能够经常对恋人说出肯定的话语、夸奖的话语，是一种增进感情、化解冲突的高超能力，如果这种能力被称为"嘴甜"，那我们不得不说，比起爱你在心口难开，嘴甜的女孩的确更会谈恋爱。

案例分享

❤

    阿南是个自由摄影师，前后谈了两个女朋友。

    和第一任女友在一起时，阿南总感觉自己不放松，生怕什么事做错了，引来女友的责怪。

    有一次，阿南受一个媒体之邀去外地拍片子，对方的拍摄费给得不高，女友知道后，不停地抱怨："你怎么不多争取一下？你这么清高给谁看？"阿南辩解说，都是朋友，不好斤斤计较，女友就嘲讽他没有市场意识，以后也不会有出息。

    阿南的工作性质决定他常常出差、熬夜，女朋友各种指责，怪他不陪她，怪他生活习惯不好，把阿南弄得无所适从，心力疲惫。

    回忆这一段，阿南说："和她在一起，我觉得自己浑身缺点和毛病，她不满意我，我也不满意自己，好像也失去了赚钱和奋斗的动力。"

    后来，女朋友提出分手，阿南同意了。

    再后来，阿南遇到了第二任女友乔安，乔安是个特别开朗阳光的女孩，和她在一起，阿南一下子放松了，因为，她从来不对他指手画脚。

    遇到同样是拍摄费给得不多的情况，乔安会这么说："你这是在帮朋友啊，这次你帮了人家，下次他肯定会帮你的。"

    平时相处时，乔安总会看到阿南的长处，她会夸他"有气质""穿什么衣服都特有范儿"，也会夸他"片子拍得有质感，很高级"，甚至会夸他"有一种安静的力量"。阿南之前因为不爱说话而很自卑，因为前女友嫌弃他"嘴笨"。

    相处半年后，阿南觉得自信了许多，"突然发现自己竟然有好多优点"。

乔安对恋人真诚的赞美让阿南内心越来越稳定，创作热情越来越高涨，杂志、网站邀约不断，拍摄费不断提高，不仅得到了业内人士的认可，在个人公众号上还收获了几十万粉丝。

　　阿南满心欢喜地向乔安求婚了，据说婚期很近。

觉察·感悟·行动

1.你能说出"爱的五种语言"是什么吗？这五种爱的表达方式，
你自己最在乎哪一种？

2.为什么男人格外需要伴侣的夸奖？

3.你喜欢夸人吗？你会经常夸赞你的伴侣吗？如果答案是否定的，
结合本课内容，你找到阻碍你发现他优点的原因了吗？

4.学习了这一课，你以后会在哪些方面有意识地夸赞你的伴侣？

徐老师:

　　我今年27岁，坐标北京，和男友相爱3年多。我们对待这份感情都很认真，也希望不久的将来可以走入婚姻的殿堂。但是，有一个问题特别困扰我，就是我们经常会为一些大大小小的事情吵架，吵完之后，他和我谁都不愿意认错，于是常常要冷战好几天，甚至半个月，和好之后没多久又会吵。

　　我们其实都很在乎对方，也想好好相处，可就是在遇到意见不一致的情况下不知如何处理，争吵过后也找不到一种好办法去和解。

　　举个最近的例子，我俩周末想去天津玩，我喜欢未雨绸缪，提前把事情安排得井井有条，他却喜欢即兴发挥，我让他订酒店、看攻略，他总是一推再推，让我非常恼火，为此大吵了一架。

　　类似的事情很多，我们谁也无法说服谁，总是在一些不大不小的事情上僵持不下。吵架之后又很后悔，下一次事到临头，却还是忍不住要吵。

　　现在我纠结的是，我俩到底合不合适呢？如果恋爱期间就经常吵，结婚之后会不会吵得更厉害？那些恩爱夫妻是不是就不吵架？

　　　　　　　　　　　　　　　　　　　　　　　　　　@一尾鱼

第 8 课
会吵架，才恩爱

01

先回答 @ 一尾鱼的这个问题——恩爱夫妻是不是不吵架？

美国婚姻问题专家温格·朱利在他的《幸福婚姻法则》里引用了一对百岁夫妻中 101 岁妻子的话："在这个世界上，即使最幸福的婚姻，一生中也会有 200 次离婚的念头和 50 次想掐死对方的冲动。"

恩爱夫妻不是不吵架，而是会吵架，他们在生活实践中修炼出一种能力，那就是如何智慧地处理分歧和争吵，正是这个能力让他们的夫妻关系越吵越恩爱。

如果恋爱中的人把"不吵架"当作一个追求目标，把"不吵架的伴侣"当作理想状态，恐怕会带来深深的失望，甚至会把关系引向歧途，因为，要想做到绝对没有争吵，一定需要某一方绝对地压抑自己，为了不吵架而吞咽很多委屈，这对于建立真诚、平等的伴侣关系并没有一点好处。

@一尾鱼和许多正在恋爱并且准备进入婚姻的女孩子一样，她们虽然相信和恋人的感情，但是，对于如何处理关系中的冲突感到无能为力，因而对未来很担心。

其实，只有当我们明白了伴侣吵架的真正原因，并且学会一种高超的"伴侣争吵攻略"，才会既不自找麻烦，也不畏惧冲突，争吵时不会表现失常，争吵后双方都有成长。

首先，我们要知道伴侣争吵是不可避免的，原因如下。

1. 任何两个人都会存在差异，亲密关系中，差异带来吸引，差异也带来冲突。

2. 每个人都是以自我为中心的，只关注自己的情绪和想法。

3. 我们都不会妥善处理自己的情绪，特别是愤怒这样的激烈情绪。

4. 我们在遇到分歧时，错把伴侣当成了对手，总想在辩论中"战胜"对手。

依照著名心理学者武志红老师的理论，每个人的自恋本质决定了我们不仅认为"我是对的"，而且坚信"我比你强"，在这个双方都不自知的隐性心理前提下，遇到意见相左、观点有别，甚至只是偏好不同时，争吵一定会发生。

对于自恋本性的觉察可以帮助我们透过现象看本质，让我们明白伴侣吵架实际上是人性的必然，不一定是你找错了人，也不一定是你们不合适。这样，我们就会从对于某件事谁对谁错的过分执着中脱身出来，也从对于伴侣的怨恨和失望中抬起眼来。

伴侣吵架虽然是正常的，但是，吵架方式不得当，就会吵坏了心情，吵没了感情，要么无法进入婚姻，要么在婚姻中延续错误的争吵模式，日子越过越差劲。

02

因为争吵而最终导致关系恶化的伴侣，无一例外都采用了一种被称为"撒旦式争吵"的方式，这种争吵方式很简单，不学就会，那就是"争对错，论输赢"。

"撒旦式争吵"让我们指责伴侣，批判伴侣，不再爱他，不再关心他，一心想着要赢了对方，让他低头认错，低头认输。

只要双方陷入"谁对谁错"的泥淖当中，一对伴侣就无法满足彼此互相依靠、互相安慰的亲密需求，也无法保持真正的情感联结。

诡异的是，伴侣争吵的原因是因为观点看法不一致，争吵发生后，两个人的想法却出奇地一致，都认为对方有错，想法太偏激，表达有问题，行为太出格，而自己呢，即使有错，"那也是对方逼的啊！"

试想，两个都认为"对方有错"的人，怎么可能出现和解的局面？而且，对错代表胜负和输赢，有了输赢观，即使有人被迫认输，问题也并没有得到解决，日后必会重演。

我和我先生在结婚后也曾经上演过"撒旦式争吵"，吵到气头上，我感觉自己大脑在飞快地转动，一心想找出攻击他的最有力词汇，也全力捕捉他话语里的任何一个细小的逻辑漏洞，像极了我当年在大学参加辩论赛时的情景。

　　彼时彼刻，他根本不是我的亲密爱人，而是"反方辩友"，我想压倒和制服他的冲动，远远超过了解决问题和沟通感情的需要。

　　这样的争吵，不仅让我们两人心神俱疲，对婚姻生活也不再有美好的盼望。

　　所有和曾经的我们一样，仍然在用"撒旦式争吵"来争对错、论输赢的伴侣，如果愿意尽快从这个魔咒里走出来，就会找到一种全新的"成长式争吵"模式。

03

"成长式争吵"比"撒旦式争吵"要复杂得多，需要我们用心学习，勇于实践，不断摸索，日益完善。

"成长式争吵"分为吵前、吵中、吵后三个阶段，每个阶段学习的侧重点不同。

一、吵前和平阶段

既然成熟的伴侣都知道争吵是不可避免的，在没有争吵的和平时期就应该做一些未雨绸缪的事，就好比知道下雨是不可避免的，晴天时就应该为雨天做好准备。

在没有吵架的和平阶段，最需要在彼此的爱情账户里储存爱。

不得不承认，每一次争吵都是一次"提款"，是支取了账户里的爱，那些因为频繁吵架而分崩离析的伴侣，就相当于把存款提空甚至发生透支的储户，银行自然会对他们进行"销户"处理。

两个人的情感账户绝不可能只存储不支取，所以，不要害怕支取，只要多多地存储，支取就显得微不足道。就像一个账户里存着一个亿的人民币，偶尔取个三百五百又算得了什么？

所谓存储爱，就是主动积极地向伴侣表达爱，不只是说"我爱你"这么简单，而是，用肯定的话语、贴心的礼物、陪伴的时间、细心的服侍和身体的接触等不同的示爱方式，让伴侣全方位感觉到你对他浓浓的爱。

每一次爱的表达，都是向你们的情感账户里储存爱，在和平时期不会觉得这样的举动有多么重要，一旦"打起仗"来，你就知道账户里余额充足的可贵了。

二、吵架进行时阶段

这个阶段特别考验人，因为吵架吵到气头上，情绪会渐渐战胜理智，说出的话几乎不经过大脑，攻击、诋毁几乎脱口而出，有些恶毒的言辞一旦说出口，就像覆水难收，事后再后悔也没用了。

所以，不妨记住"三要三不要"，吵架时用这个纲领约束自己，防止自己说出无法挽回的话，做出无法挽回的事。

所谓"三要三不要"，就是：要表达自己的感受，不要攻击对方的人格；要客观地陈述事实，不要主观臆测对方的动机；要允许对方为自己解释，不要急着给对方"定罪"。

男朋友经常忘记你的生日——

你可以说："你这样让我感觉很不受重视，甚至怀疑你对我的感情。"

而不是说："你从来都这么自私，我每次都能记住你的生日，你凭什么这么对我？你是不是外面有人了？"

男朋友因为临时的工作变动更改了和你出游的计划——

你可以说："你知道吗？我为了这次旅行，特意和同事调了班，这样的改变让我很难接受。"

而不是说："你要不想和我出去玩就明说啊，何必假装加班？你是不是怕我花你的钱？还是被你们公司哪个狐狸精迷住了？"

有些狠话则千万不能说出口，比如，"我早就看出你是个小气鬼／窝囊废""你和你们家人一个德性""我算瞎了眼，怎么找了你这样的人"，等等。对男人进行这番羞辱后，他还能与你和好如初，那他的心得有多大啊？！

三、吵后修复阶段

"成长式争吵"的三个阶段里，这个阶段最见功力，优质伴侣和恩爱夫妻们一定是这个阶段的高手。

我和几对婚龄超过 10 年的伴侣交流过他们的做法，下面几步是他们不约而同采取的修复手段。

第一步：及时休战

如果争吵不可避免地发生了，就尽可能早一点结束"战斗"，进入休战状态。记住，休战不是冷战。冷战是嘴上的争吵停止了，两个人变得冷若冰霜，互不理睬，仍然用情绪的暗器在互相攻击；而休战是理智地停止争吵，让自己冷静下来，换个角度看问题。

第二步：让生活继续

休战时，争吵中的问题仍然没有解决，双方可能都怒气未消，但是，两个人要达成共识，先搁置争议，除了那件事，在其他事情上要一切照常，要有沟通和互动，互相说话，仍然一起吃饭，一起做事情，让情绪尽快平复。

第三步：重新讨论争议内容

不要假装事情已经过去，待双方情绪平稳后，要找一个适合长时间谈话的时间和地点，将搁置的争议拿出来重新讨论，充分交流想法，找到利益结合点。如果适当的妥协和让步有助于达成共识，增进感情，为什么不呢？

我和我先生发生争吵后，有两个问题会帮助我从怒气中迅速恢复理智。

第一个问题，我会先问自己："我的言语和行动是不是对他有伤害？"

往往在回答了这个问题后，我的"气焰"就不那么"嚣张"了。因为，我必须承认，自己在冲动之下有过激的言行，一定对他造成了伤害，歉疚感会大大抵消愤怒的感觉，之前的火大是觉得"我没有错"。

第二个问题，我还是问自己："他的哪些优点被我忽略了？"

在回答这个问题时，我要求自己有意识地回忆他对我做的那些让我感动的好事，有时候，只回忆了一件事，我的心就变得柔软下来，多回忆几件事，我甚至会眼眶湿润。

很奇妙，做完这两道自问自答题，再看让我怒火中烧的那件事，突然变得没那么要紧了，再看几个小时前恨不得"掐死"的爱人，又重新变得可爱起来。

04

最好的爱情一定不是不吵架，而是吵架了之后还能在一起。

"成长式争吵"就是帮助我们学习一种新的吵架方式，从原来那种争对错、论输赢、互相指责的"撒旦式争吵"的怪圈中跳出来，越过争吵来更深入地了解自己和对方，借着爆发激烈冲突的契机，发现彼此在风和日丽的和平阶段没有展现出的软弱面甚至阴暗面。

要知道，亲密关系最难的部分，就是双方带着温情去包容和接纳彼此的阴影，只有通过"成长式争吵"，一对伴侣才可以更真实地在彼此面前袒露心声，说出自己的恐惧、难堪、脆弱，并且相互容纳，从而缔结成前所未有的触及灵魂的联盟。

不用羡慕那些看起来风平浪静、彼此过分客气的伴侣，也许，他们回避了争吵，但也错过了成长的机会。有时候，在伴侣面前过于克制、压抑自己的真性情，会带来暂时的和谐景象，但是，这不是长久之计，因为，在亲密关系里，我们会有强烈的动力，想要呈现自己的一切给对方，特别是黑暗和痛苦，压抑这种动力，不仅会让关系变得肤浅、虚假，还会浇灭生命的活力和热情。

纵观"成长式争吵"的三个阶段：

吵前和平阶段，考验的是在感情上高瞻远瞩的智慧，用多种示爱方式往情感账户里储蓄爱，是遇到风雨后的根本保障；

吵架进行时阶段，考验的是及时刹车的情绪自控力，越是内心强大的女孩子，越有能力主动休战，而不是放任自己的情绪，把事情闹到不可收拾；

吵后修复阶段，考验的是发生冲突后的思维聚焦力。是把焦点放在引起冲突的分歧上，还是放在惹怒你的"那个人"身上，这是争吵后亲密关系能否修复，两个人能否获得成长的关键所在。

在男人和女人的亲密关系中，一定会有冲突和争吵。婚前有，婚后还会有；恋人会吵架，夫妻也会。所以，对于一定会发生的事情，就要主动学习一种更好的应对方式，让不可避免的争吵变成促进关系、激发成长的好机会，而不是伤害感情、破坏关系的恶性事件。

好伴侣不是不吵架，而是会吵架，学习"成长式争吵"，就能越吵越恩爱。

案例分享

❤

琴琴和男朋友分分合合好几次，三四年的恋情一直伴随着各种争吵。两个人吵得精疲力竭时，就用分手来解决问题，可分手后，又想起对方的好，就会一次又一次复合。

琴琴不是很成熟，男朋友也一样，所以，两个人争吵时会把相处时积攒的怨气都发泄出来，彼此攻击，比着说狠话，好像只要能使对方心痛、受伤，自己就特别过瘾似的。

接受辅导时，琴琴告诉我，她以为，她再怎么发脾气，男朋友也该让着她，没想到"他根本不爱我"，不然，为什么会总和她吵架？

我问她："当你用很恶毒的话攻击对方时，他会不会也觉得你不爱他了？"琴琴沉默了。

我告诉她，很多女孩子会假想男朋友要更成熟、更包容，如果真是这样，这样的恋爱会谈得比较轻松、舒服，可现实生活中，与女孩子年龄相仿的男孩子并不会比女孩子更成熟，他们同样需要女朋友的包容和忍耐。

我建议她学习"成长式争吵"，采取一种更积极的化解冲突的方式。琴琴很希望改善和男朋友的关系，也希望将来拥有一段美好的婚姻，所以，她开始改变。

她原来是挺需要男朋友"哄"的女孩子，很少主动向对方示爱，我建议她从"爱的五种语言"中找到男朋友最在乎的示爱方式，在行动上表现出来。

琴琴发现，她的男朋友最在乎的是被她夸奖，其次是她为他做一些体贴的事，所以，以前金口难开的她有意识地学习对男朋友说"肯定的话语"，对男朋友做的事及时肯定和夸赞，这让男朋友很意外，也很受用。

同时，她也做了很多之前根本不会考虑的贴心事，比如，男朋友胃不好，她就给他买了一个特别实用的保温杯，男朋友加班，她会专程给他送水果和打包的热饭，男朋友十分感动，也让他的同事们羡慕不已。

有一次，他们又发生了争吵，琴琴发现，男朋友明显火气不如以前大，说了几句后，就不再多说了。琴琴也学会了及时休战，并且在休战之后，仍然和男朋友有交流，没有陷入以前互不理睬的僵局。

第二天，琴琴约男朋友一起吃晚饭，两个人心平气和地讨论了昨天争吵的话题，琴琴表明了观点，也认真听了男朋友说的心里话，两个人都觉得讨论完之后，分歧并没有那么大。

琴琴很好奇男朋友为什么不像以前那么较真，他回答说："你对我这么好，我实在不忍心说狠话伤你。再说了，男的不就应该让着女的嘛！"这句话把琴琴感动哭了，她也对男朋友说了很多自我检讨的话。

这样情绪平稳、充满诚意的对话，之前，在他们两人之间是很少发生的。

琴琴告诉我，以前吵架就是互相伤害，现在也会有争吵，但都是为了解决问题，她开心地说："我长大了，他也长大了。"

觉察·感悟·行动

1.回忆一次你和伴侣曾经发生的争吵，是否具备了"撒旦式争吵"的特点？那次争吵是否对你们的关系造成了伤害？如果有可能回到事发当时，你会做哪些改变？

2.学习了这一课，你知道"成长式争吵"分几个阶段吗？在不同的阶段应该做什么？

3.掌握了促进双方成长的争吵方式，你还害怕和伴侣的冲突吗？

徐老师:

    您好!

    我快结婚了,和男朋友虽然感情不错,但是,我感觉我们在很多方面都有差异,而他似乎一点都不想为我改变,我对他的期待总落空,这让我很失望,很难过。

    具体来说,他性格内向,做什么事都不争不抢,我希望他能变得外向一些,主动积极一些;他爱买一些我觉得没什么用的东西,比如纪念版的人偶,我希望他改掉这个毛病,他从来不听;还有,我觉得他现在的行业没什么发展前途,工资也不高,但是,他说他很喜欢现在的工作……

    我还希望他能再浪漫一些,记住我的生日,给我买花,对我喜欢的东西,比如韩剧啊时装啊,也要有兴趣,这样才能有共同语言。

    这几年,我一直努力想让他为我而改变,他有时候会尝试,有时候直接拒绝,说我控制欲太强,让他很难受。

    虽然我们现在已经开始讨论结婚的事,但是,我却对未来忧心忡忡,如果结婚以后他也这么固执,我岂不是一辈子都会失望?

    徐老师,我想知道,他不想为我改变,是因为不够爱我吗?对这样的男朋友,应该怎么说服他呢?

    期盼您的回复。

                                                                    @晓峰

第 9 课
改造恋人 VS 欣赏差异

01

女性似乎比男性更热衷于改造伴侣，改造的动力有两个：第一，实现期待；第二，消灭差异。

来信的 @晓峰对男朋友有很多期待，比如，希望他性格更外向，工作多挣钱，记住她的生日，给她买花，同时，也希望消灭他们之间的差异，比如，让男朋友不要喜欢纪念版人偶，而要喜欢韩剧。

我辅导过不少这样的伴侣，他们似乎在进行一场拉锯战，双方在暗中较劲，一方想做改造大师，一方坚决不从。

有一对将近 70 岁的老夫妻，争吵了大半辈子的主题就是"你为什么不按我说的改？"坐在我面前的他们，头发花白，怒气冲冲，几十年的共同生活仍然没有磨合出这个年龄应该有的包容和淡定，我心里涌出为他们的惋惜和难过。

尝试改造伴侣的人从来没有成功过，因为那是对另一个生命个体的完整性、独特性的否定和践踏，一定会遭到对方的全力抵抗，如果改造方一意孤行，被改造方甚至会以解除关系，也就是分手或离婚，来保护自己的生命主权。

所以，对于 @ 晓峰这样的女孩子来说，问题的关键不是如何说服男朋友接受改造，而是如何放弃改造计划。

改造恋人无外乎是因为对方"没有满足我的需求"或者"和我不一样"，如果我们知道自己真正的需求无人能满足，世界上任何两个人都是有差异的，是不是就会看清改造计划是多么虚妄？

有些女性把改造伴侣的任务从恋爱一直延续到婚姻中，她们一直想完成一个不可能完成的任务。在这个过程中，期望有多大，失望就有多深，她们想改善关系和获得幸福的初衷没有错，但是用错了方法。

要想拥有美好长久的伴侣关系，正确的方法是完善自我和欣赏差异。我用我 25 年的婚姻向大家证明，这是我亲自走过的一条踏实、宽广的路，这条路不仅为我和爱人带来幸福和满足，也让我们两人都变成了对方眼中更好的伴侣，也就是说，改造计划没有完成的任务，在另一条路上竟然实现了。

02

畅销书《亲密关系》中有这样一段发人深省的话，"通往地狱的路是用期望铺成的，期望会把接受和让人自由等充满爱意的感觉挡在门外"，因为"未被满足的期望一定会变成愤恨"。

为什么我们总会对伴侣有许多期望？而这些期望为什么不会被满足？

心理学家说，我们对伴侣的需要，并不是我们表述的那些需要。我们所表述的需要，看起来是希望伴侣做什么事或说什么话等实质的需要，但它实际上是情绪的需要，深埋在潜意识里的需要才是我们的真正需要。

我们需要的是对方要对我们从小到大的心理欠缺进行弥补和偿还；我们需要的是一个理想化的父母，可以满足我们所有的心理期待；我们需要的是——确认自己值得被爱。

当我们把这个压在心底最深处的需要放到伴侣身上时，就会表现为各种各样的期待。如果期待被满足，就觉得被爱；如果期待未被满足，就感到匮乏和焦虑，希望对方能够为自己改变，成为满足自己期望的一个万能"工具"。

很多女孩子总觉得在恋爱中自己的情感得不到满足，也许是因为她们一直在对方身上寻找一种不存在的东西，那就是渴望已久的理想的父母之爱，甚至是无条件的爱。

在热门综艺节目《非诚勿扰》上，经常会听到各行各业的女嘉宾说出同样的择偶期待："我希望他任何时候都能包容我，理解我，无论我做什么都会一直爱我、保护我。"遗憾的是，她们觉得理所当然的要求，实际上是任何一个男人都无法满足的。怀着这样对"理想父母"的期待，在现实生活中寻找伴侣，怎么可能如愿？

认识到这一点，就会发生一个重大的思维转向，不再执着于伴侣为什么不肯满足我的期待、不肯为我改变，而是接受这个看似冰冷的真相：无论伴侣怎样努力，都无法成为我们期待的完美样子，我们的父母没有成为"理想父母"，伴侣更不可能。

要想营造更轻松、更默契的伴侣关系，必须允许伴侣做自己。

无论伴侣和我们多么亲密，也是另外一个人，一个活生生的有自己的感受和想法的独立的个体，他没有任何义务和责任为满足我们的期待而改变。成为我们的伴侣，并不意味着就必须做很多我们认为"应该"做的事。

如果你愿意和他成为伴侣，就不要尝试改造他，而是应按照他本来的样子接受他，然后把注意力放到自己身上，从自己入手，才是改善亲密关系的唯一途径。

03

几年前读《亲密关系》这本书时，看到那句"通往地狱的路是用期望铺成的"，并不能完全接受，毕竟，让我们放弃对亲密爱人的期待，这有点不太现实吧？

带着对这个问题的思考，我对我和我先生的关系进行回看，有一个非常有意义的发现，那就是，我们每一次的争吵其实都是因为我对他的期望落了空，失望越大，争吵越剧烈。

有一次，当我说出"你怎么就不能怎样怎样"时，我先生大声回答说："我不能，因为我不是你！"

也许，这句话是@晓峰的男朋友憋在心里不敢说出来的："因为我不是你，所以不想变成你希望的样子。"这是男人在宣示主权，意思是："我的人生我做主！谁也不能剥夺我的人生自主权！"

好在我听懂了爱人的宣言，在那一瞬间领悟到问题的根源不是他不够努力，没有满足我的期望，而是我想用期望去修改爱人的人生轨道。

很多像我一样被伴侣"吐槽"改造欲旺盛、控制欲太强的女人，其实内心很脆弱，在原生家庭没有被满足的需要，在亲密关系中想加倍地得到补偿。

我看清自己对伴侣强烈的改造欲望里藏着的是恐惧和匮乏之后，决定放手，让他由着性子做自己，而我要承担起疗愈自己、满足自己、完善自己的责任。

如果我们可以常常审视自己在亲密关系中的表现，就会对如何完善自己有一个清晰的方向，比如，问自己这样几个问题：

1. 在这段关系中，我为对方带来了什么？
2. 和伴侣相处的这几年，我有没有成长？有没有变得更自信？
3. 如果我是他，我愿意选"我"做伴侣吗？

很多年前，我被第三个问题问住了，思考了半天，心里的答案竟然是："不愿意。"

这个问题让我第一次从伴侣的角度看自己，我看到的是一个挑剔、抱怨、期望值过高的女人，她对伴侣要求很高，对自己却很放任，不修边幅，邋里邋遢。我要是个男人，肯定不想找这样的女人做伴侣吧？

我很庆幸，那些让我尴尬的难题正是带领我成长的指路明灯，这些问题帮助我不再关注伴侣"应该"做哪些改变来符合我的期待，而是关注自己如何变得更好，更值得被伴侣所爱。

当我不再试图改造伴侣后，整个人就变得柔软了，不再对他提各种各样让他头疼的要求。奇妙的是，他却表现得令我惊喜，很多方面变化巨大，比如，他让我耿耿于怀很多年的"不会说好听话哄我开心"的"毛病"，不知怎么就变成特别会说甜言蜜语的优点了。

我和先生交流过这个话题，他这样回答："被你逼着说，我当然不想说，而且，你那个时候看起来总想要挑我的毛病，我多一事不如少一事，万一说得不合你心意，你再把我骂一顿，我何苦来哉？"

是啊，面对一个拿着各种利器、虎视眈眈的女改造家，男人怎么会有说情话的冲动？

04

女性喜欢改造伴侣，一方面是想让伴侣满足自己的期待，另一方面是想要消灭两人之间的差异。

必须承认，世界上没有任何一对伴侣是百分之百完美匹配的，哪怕是严格按照"六维度般配法则"，找到了一个在灵性、审美、智力、社交、娱乐以及性方面高度匹配的伴侣，两个人之间仍然会存在差异。

不是恋人之间的差异，而是对待差异的态度，决定了亲密关系的质量和走向。进入婚姻之后，更是如此。

所以，没有完美的结合，只有完美的磨合。

要知道，差异并不是缺陷，恋人和我们不同的地方并不代表人家做错了，我们的方式不一定是唯一正确的。这些差异包括且不限于：饮食口味的不同，服饰偏好的差别，工作休息的不同习惯，待人接物的不同尺度，等等。

对于恋人之间的差异，欣赏还是改造，决定两个人的相处质量，甚至决定能否进入婚姻，以及婚姻是否幸福。

欣赏差异，会带来相处的乐趣和关系的加深；改造差异，会带来双方的痛苦和关系的灾难。

许多女孩子对于恋人和自己的差异，表现出过强的"排异"反应，消灭差异的冲动源自她们认为这些差异是影响两个人幸福的绊脚石，急于想搬走它们，方法就是要求恋人"你要按照我的方式来改变"。实际上，不是差异本身，而是对差异的排斥态度导致了不愉快。

比如，女生若喜欢事无巨细提前准备，就希望伴侣也能照着做；女生若喜欢清晨冲澡，就觉得伴侣晚上洗澡是坏习惯；女生若喜欢买设计漂亮的日用品，就对伴侣买的朴实物件嗤之以鼻；女生若喜欢和一大帮朋友聚会吃饭，就希望伴侣一定要合群；女生若喜欢从下往上挤牙膏，就希望对方有样学样……

没有人会认为自己的性格、习惯、爱好是需要被改造的缺点，伴侣的排斥态度，一定会带来冲突，一方的改造欲望越强，另一方的抗拒就越猛烈。甚至，我们不能把差异看作不得不忍受的遗憾，那样的被动消极态度，对建造良好的亲密关系并无益处。

我参加过美国富勒心理学院的埃尔教授在北京举行的一个婚姻研讨会，他在会上的发言让我记忆深刻。他说："我们应该把伴侣之间的差异当作上帝的祝福。"

差异不是缺点，不是遗憾，而是祝福。

要想让差异成为对彼此的祝福，应该怎么做呢？

第一步：承认差异，但绝不妄想改造伴侣，消灭差异

承认差异就是把伴侣有别于你的习惯、爱好、个性当作对方的特点，而不是故意和你作对的行为。

刚结婚时，我先生发现我把牙刷头向下放，而不是和他一样朝上放，非常不理解，说了几次没见我改，就非常愤怒，觉得我是故意气他。后来，我们一起学习了婚姻课程后，这个故事就成为我们彼此提醒的一个典故。

第二步：尊重差异，认可对方只是和我们有差异，并没有优劣高下之分

我是急脾气，我先生是慢性子。我曾经很嫌弃他磨磨叽叽，总催他，也希望他改变。有趣的是，他也笑话我性格毛躁，做事欠考虑，希望我可以改。可见，每个人都是自以为是的。

幸亏我们及时看到了这点，不再贬低对方和我们不一样的特点，少了很多争吵。

第三步：欣赏差异，找出互补的机会，让两人都受益

我和我先生因为对差异的全新领悟，发现我的急脾气配上他的慢性子，其实是敢闯敢拼和稳重多谋的完美结合，于是，我们从时不时的互相嫌弃变成充满感激的彼此珍惜，在做任何重大决定时，都会主动听取对方意见，使得双方在事业上都长进很大。

真正能做到这三步，伴侣间的差异就不会成为相斥相克的元凶，而成为互相补充、互相成就的机缘。

无论是面对不能满足自己期望的伴侣，还是面对和自己存在差异的伴侣，放弃改造对方的妄想是对亲密关系最明智的保护。

当我们可以通过完善自己而在关系中更主动，更满足，更有安全感，当我们因为欣赏和伴侣的差异而有惊喜，有收获，我们就获得了一种能力，一种把幸福握在自己手中的能力。

案例分享

❤

　　心怡和男朋友志杰在参加我的婚恋课程之前，曾经因为个性、爱好等差异争吵不断，甚至差点分手。

　　他们通过学习，改变了以前的相处方式，亲密关系得到真正的改善，现在已经结婚一年多了。

　　心怡通过邮件向我讲述了他们的变化。

　　"我和志杰很长时间没有发生过严重的争吵了，虽然还会有分歧，也会拌两句嘴，但是，我们似乎对对方没有那么大的怒气了，所以，很快就可以心平气和地讨论问题。

　　"之前，我对他的确有很多期待，我觉得只要他肯为我改变，我们在一起就能幸福、快乐，但是，他就是不肯，所以，我觉得他不爱我，我们的未来肯定不会好。

　　"通过学习和反思，我渐渐认识到，是我对他的过高期待让我总对他不满意，就像徐老师您所说的，如果我想让他变成一个性格热情外向、善于向女孩子献殷勤、从事金融工作的人，为什么不去直接找一个这样的人，非要把一个个性内敛、不善言辞、从事 IT 行业的人改造成另一个人呢？

　　"我的期待看起来都很具体，实际上却有一个虚幻的目标，就是希望他能变成一个完美的伴侣，而他何尝不是这样想的？我也并不愿意为他改变。于是，我们就会不停地争吵。

　　"现在的我们，因为放弃了对对方的很多期待，两个人似乎都比以前活得轻松。志杰说我不挑剔他之后，他好像更有工作的动力，上个月还升职了，月薪也有提高。而我，也能够感受到他的爱，能够欣赏他的好。

"我们现在仍然有许多差异，比如他很喜欢做计划，我喜欢天马行空不受约束，但是，他不再指责我不切实际，我也不再嫌他太死板，而且，我们都从对方身上看到了优点，我在学习他的思维缜密和善于计划，他也夸奖我想法丰富、善于变通。

　　"总之，我们已经尝到了欣赏差异和完善自我的好处，这让我们在今后面对不同意见时也不再恐慌、困惑，我们的感情一定会越来越深。"

觉察·感悟·行动

1.你对伴侣不满意时，有改造他的冲动吗？你试过吗？效果怎么样？

2.从这一课内容中，你知道自己为什么总想改造伴侣了吗？

3.如果放弃改造伴侣，用什么样的方法可以真正建立起亲密关系呢？

你计划如何着手呢？

徐徐老师：

　　您好！

　　我前后已经和三任男朋友分手了，现在有点不敢谈恋爱了。因为，之前这三任，刚开始都挺好，我其实还挺满意，不知怎么，谈着谈着就谈崩了，第一任谈了不到两年，第二任半年，第三任将近一年。

　　我觉着我这三次恋爱分手都分得有点莫名其妙，本来刚开始感觉都不错，互相有好感，但是，慢慢地就变得有争吵，他说的话我不爱听，我说的话也常常惹怒他，两个人共同语言越来越少，恋爱的感觉没有了，就只好分手了。

　　我和几个闺蜜说过我的烦恼，有个闺蜜说我说话太冲，容易得罪人，几个男朋友也这么说，还说我不理解人，和我谈恋爱特别累。

　　我也检讨过自己，但我就是个直脾气啊，有什么说什么，有意见不会憋着忍着，娇滴滴地说话不是我的风格，我也不知道该怎么改变。

　　徐老师，我已经快30岁了，虽然谈了三次恋爱，但我觉得谈恋爱好难啊！男朋友的心思我不会猜，我说的话也常常被误解。

　　我很想变成一个善解人意会说话的人，不希望今后恋爱时再发生之前那些不愉快，您能帮帮我吗？

@樱桃大丸子

第 10 课
聪明地说，智慧地听

01

　　几乎所有失败的婚姻和中途分手的恋爱都存在沟通问题，错误的沟通方式不仅不能增进两个人的了解，反而会让彼此越来越疏远。

　　来信的 @ 樱桃大丸子为此苦恼，三段恋情的失败让她想有所改变。

　　恋人之间的沟通比普通的人际关系要更频繁和更深入，所以，沟通不畅产生的后果就更为直接和严重。

　　因为夫妻矛盾而找我咨询的人，没有一对不在我面前吵架。他们往往是各说各的理，不让对方把话说完就开始攻击、嘲讽，如果我不打断他们，他们甚至会吵闹半小时。

在他们可以安静地说话时，我发现他们的婚姻并没有多么严重的问题，财务健康，没有外遇，无家暴，婆媳关系也还好，但是，他们都觉得"这日子一天也过不下去了"。

很多人已经意识到，伴侣间有效的沟通是让爱情保鲜、让婚姻稳定的最重要因素，但是，大家不知道具体如何做才可以让关系得到改善。像 @ 樱桃大丸子一样，女孩子以为学会娇滴滴地说话就可以留住男朋友，其实是对沟通存在很大的误解。

首先我们要知道，沟通不只是交换信息，还需要交流想法和分享感受。一般来说，沟通有五个层面，分别是：

第一层，寒暄客套；

第二层，陈述事实；

第三层，交流想法；

第四层，分享感受；

第五层，敞开心扉。

很显然，这五个层面的沟通深度是递进的，沟通层面越低，关系越浅，沟通层面越高，关系越深。

沟通的五个层面里，寒暄客套和陈述事实是普通、初级的，一般的同事、邻居、熟人都会在这一层面交流；关系再进一步，就需要交流想法和分享感受，亲密朋友以及恋人、夫妻会进入这一层面；沟通的最高境界是敞开心扉、无话不谈，这个层面是极少数莫逆之交的朋友和爱情中的灵魂伴侣才能做到的。

两个人关系的亲密度，并不以他们相处的绝对时间长度为衡量标准，真正起决定作用的，往往是沟通的深度。普通的人际关系如此，恋人夫妻也如此。

有些结婚十几年的夫妻，沟通的层面仍然停留在第二层、第三层，两个人每天互动的内容大多数是"隔壁老王家儿子要结婚了""我二姨下周要来咱们家"之类的"陈述事实"，偶尔会有"我觉得隔壁老王是个热心人"之类的"交流想法"，从来没有进入"分享感受"这一层面，更不要说"敞开心扉"这样高段位的沟通了。

高质量的沟通能力不是靠时间积累出的经验值，如果不经过专门学习和刻意训练，一般人根本不知道自己的问题出在哪里。这也是目前社会上婚姻质量普遍不高的原因之一。

沟通需要表达和聆听，一个沟通高手不仅要会说，而且要会听。在亲密关系中，和伴侣在一起时，说什么、怎么说，听什么、怎么听，就是我们在这一课中要学习的。

02

恋爱阶段的男女朋友，沟通的深度应该从陈述事实尽快进入交流想法和分享感受，感情深的标志就是两个人都了解对方的想法和感受。

先说交流想法。

会谈恋爱的女孩子一定特别会提问，也善于寻找话题，这样可以很自然地表达自己的想法，了解对方的想法。

比如，某个热点新闻发生后，可以和男朋友在聊天时谈谈自己的观点、看法，也问问他"你是怎么看这个问题的"；发生在周围朋友身上的一些值得讨论的事件，也可以作为交流想法的"案例"。

通过交流想法，可以更快地让对方知道你是什么样的人，也了解对方是什么样的人。

再谈分享感受。

讲述自己的感受是一种需要学习的能力。绝大多数人会陈述事实，但能够交流想法的人就没那么多了，至于分享感受，对不少人来说，是具有挑战的表达方式。

在一次团体治疗的学习小组里，导师要求大家就一件事讲述自己的感受，比如"孩子在学校考试不及格，你会有怎样的感受？"有的学员回答说："我会帮助孩子找原因，也会和老师沟通。"还有的说："我会给孩子请一个家教。"有的学员则侃侃而谈："孩子的问题是家长的问题，我应该反思，哪里做得不够好。"导师不断提醒他们："你们偏离了主题，请描述你的感受。"有位学员急了，说："老师，什么是感受啊？"

导师说："感受就是当你知道孩子考试不及格，你的内心有怎样的情绪反应。是愤怒、焦虑，还是自责、歉疚，或者是恐惧、担心。大家刚才讲的帮孩子找原因，找老师沟通，请家教，甚至从自己身上找原因等，都是应对方法，而不是感受。"

导师的话把小组里的很多学员说蒙了，大家似乎第一次意识到自己根本不会描述感受，也不懂得什么是感受。

导师接着说："学会讲述自己的感受，你才能更深地了解自己，也只有通过讲述你的感受，才会让别人了解你。"

可见，表达感受并不是一件容易的事。

在恋爱阶段，学会讲述感受可以增进恋人之间的沟通和了解，如何讲述才会让双方感情更进一步？

1. 要随时随地表达自己的正面感受

有位心理学家说，一个人最应该追求的是发掘并表达正面感受的能力，这是人生幸福的关键。

谈恋爱的过程中，如果两个人大部分时间是在分享各自的正面感受，双方的感觉一定是甜蜜的、愉悦的。

有的女孩子，一见到男朋友就各种抱怨和"吐槽"，不一定是针对男朋友，有可能是对老板、同事、朋友的不满，但她把情绪垃圾倾倒在男朋友身上，期待对方能安慰自己，哄自己高兴。刚开始，男朋友也许就这样做了，但是，时间长了，男朋友作为普通人，而不是心理咨询师，承受不住这样日复一日的负面情绪，就会表现出沉默、躲避等态度，女孩子若还不收敛，很可能会把男朋友吓跑。

会谈恋爱的女孩子，常常表现得阳光、积极，她会这样开始谈话："你知道我今天为什么这么高兴吗？"然后，就开始讲述一些令她开心的事，有些事可能小到微不足道，但她的正面感受会带动恋人的情绪，让对方不由得迷恋和她在一起的感觉。

2. 要恰如其分地表达自己的负面感受

谈恋爱不是一场表演秀，真实的人生一定不会只有正面感受，如何表达负面感受，也是需要学习的沟通技能。

表达负面感受不能随时随地，有时候需要克制，有时候需要延时，恋爱刚开始没多久，两个人尚在互相了解阶段，负面感受就要尽可能少表达，否则会显得"交浅言深"。

当你确信对方是爱你的，你们的关系是稳定的，他也足够成熟，你才可以尝试表达一些负面感受，比如：软弱、恐惧、焦虑等，和这些情绪有关的话题一般会比较沉重，尽量选择交流时间充裕、对方状态不错的时候。

有时候，恰如其分地表达负面感受，会拉近两人的心理距离。

比如，男朋友经常不及时回复微信，好多女孩子喜欢用挖苦、指责来让男朋友"改正"。其实，一个善于讲述自己感受的人会这样说："我知道你是因为忙才没有及时回复我，但是，你经常这样就会让我很担心，担心你是不是不在意我，有时候也会恐慌，害怕是不是我做错了什么，你在用这种方式冷淡我，所以，想和你聊聊。"面对女朋友这样的表达，男生很难不被打动吧？

除了讲述自己的感受，会谈恋爱的女孩子还有一种本事，就是一说话就能激起对方的正面感受。

约会时，男朋友迟到了，如果不问清缘由，张嘴就是："怎么回事啊？你知不知道人家等半天了？怎么这么没有时间观念啊？"这样的表达，难怪对方会在心里翻白眼。换一种说法："别急别急，我没事的，是不是路上特堵啊？先喝口水吧！"多跩的男生都会被暖到吧！

@樱桃大丸子在来信中说，她说的话常常被男朋友误解，有没有可能是她根本没考虑对方的感受，口无遮拦地说错了话？如果把激起对方的正面感受当作说话和表达的目的，什么话该说，什么话不该说，就无比清晰了。

很显然，善于说话的人最突出的能力就是让听话的人心里舒服、愉悦，不会说话的人总是让别人感到被冒犯、被轻视。这样的人常常不自知，总喜欢说自己"心直口快""不会说假话"，把缺乏沟通能力、不懂表达技巧的缺陷美化成刚正不阿的优点。

03

高质量的沟通不仅需要聪明地说，也需要智慧地听。

聆听的能力比说话的能力更需要训练，大多数人把沟通技巧狭隘地理解为会说话，殊不知，会聆听往往比会说话更有利于增进感情。

聆听时给对方贡献的不只是一双耳朵，还有一颗关注的心。

每个人最大的需要就是被他人所了解，这让我们感觉自己不孤单，有价值。亲密关系中，这种需要就更加强烈，能够被伴侣倾听、了解，常常会让一个人感到幸福，有动力去接受任何生活的挑战。

然而，很多人没有认识到这点，多年的伴侣、夫妻也会因缺乏聆听能力而导致关系冷淡，心情郁结。

错误的聆听方式几乎每个人都遇到过，自己也一定犯过，总结出来有以下 4 种：

1. 胡打岔

当别人讲述事情时，TA 突然插进一段和此事毫不相关的内容，或者，TA 曾经经历的类似事件，然后开始滔滔不绝，说个没完。

2. 瞎安慰

别人在叙述自己的烦恼时，TA 没有仔细感受对方的痛苦，而是很随意地说出"好了好了，情况没那么严重"，或者，"想开点嘛，你也别太难过，过段时间你肯定就会忘了这件事"。

3. 提意见

别人述说困难和烦恼时，TA 会说"你这个做法当然行不通啊"，或者，"我给你几条建议，按我说的肯定没错"。

4. 理性化

别人讲述自己的感受时，TA 迅速给出理性分析，比如，别人说，"我最近常常感到疲倦，干什么都提不起精神"，TA 会回答："我觉得你现在的状况是各种因素造成的，工作的压力，气候的原因，也和你的生活习惯有关。"一通分析之后，让对方再无分享之意。

可见，智慧地聆听别人没那么简单，在恋爱或婚姻中，提高聆听能力就可以很有效地改善伴侣关系，特别值得认真学习。

聆听需要做到以下几点。

1. 全神贯注，注意力集中

聆听者玩着手机，或者，心里想着自己的事，都会让说话的人感觉自己不被重视，失去交谈兴趣。

正确的做法是坐在伴侣对面，身体前倾，看着对方的眼睛，用关切的眼神鼓励他说出自己的事情。

2. 用回应和提问来表示兴趣

伴侣说话时，要用点头或者"嗯""是吗？"之类的回应来告诉对方你在听，伴侣停顿时，可以用"后来呢？"之类的提问来鼓励他继续表达。这样，他会明白你对他说的内容有兴趣，而你这样在意他说的事情，也就表明你在乎他这个人。

3. 不要主动提建议

除非对方向你征询意见或建议，否则不要主动这样做，贸然去给伴侣指点迷津，显得自己更聪明，会让对方不舒服，或者以为你想终止谈话。男人的自尊心很强，给他们提建议，他们会感觉你看不起他，怀疑他独自解决问题的能力。

4. 认同对方的感受

伴侣之间的很多误会和矛盾是因为他们彼此都会批评对方的感受。很多人不明白，观点、看法可以讨论，也可以不认同，但是，感受只能被认同，不能被指责，被批判。

因为，感受是一个人面对外界刺激时的心理反应，这种反应是纯粹私人的情绪表现，没有对错之分。

比如，伴侣说："一想到明天要面试，我就很紧张。"如果你回答："有什么好紧张的？他们还会吃了你吗？我发现你这人就是心理素质差。"这就是不认同对方的感受，甚至批判对方的感受。

正确的做法是，先用身体语言安抚伴侣，拉一下手，或者拍拍肩，然后说："我知道你很紧张，你很在乎这次面试，是吧？"用这样不带评判的问话启发对方，帮他把紧张背后的情绪进一步疏导出来。

恋人之间最常见的沟通方式就是说和听。聪明地说不仅是有能力表达自己的感受，更表现为说完之后两个人关系变得更亲密；聆听的关键是你要对正在倾诉的这个人有兴趣，在乎他的喜怒哀乐，愿意和他感同身受。具备了聪明地说和智慧地听的能力，就是具备了爱的能力。

在亲密关系中，具备这样爱的能力的人，当然更容易得到恋人的喜欢和依恋，也更有资格获得长久的爱情。

案例分享

━━━━━ ❤ ━━━━━

　　瑞格和男朋友乔治相处两年多，感情非常稳定。很多人好奇，瑞格个子小小，相貌平平，如何俘获了一个众人眼里的高冷男神？

　　乔治各方面都很优秀，追求他的女孩子非常多，在众多追求者中，瑞格不算突出，但是，男神为何对她情有独钟？

　　原来，瑞格和乔治曾经在一次活动中有过交集，瑞格善于表达会说话的机灵劲儿很吸引乔治。当时，由于主办方的一些失误，活动中出现了问题，瑞格在和主办方沟通时，既善解人意，又有理有据，最后，为大家争取到了最好的结果。

　　后来因为有共同的朋友，两个人再度见面，大家聊天时，乔治发现，无论谁在讲话，瑞格都会专注地听，不像一般的女孩子，对不感兴趣的话题会迅速露出不耐烦的神情。

　　乔治之前有过女朋友，分手的原因是两个人都觉得对方不关心自己，实际上是沟通出现了严重问题。

　　和瑞格在一起后，乔治觉得自己学到了很多东西，他是这样说的：

　　"瑞格的个性很有感染力，她对很多事情都有兴趣，总能找到话题和我交流，而且，她说出的话让我很容易听得进去，即使是一些批评，她也不会让我感觉到指责的意思。特别是，无论我说什么，她都愿意听，也能听得懂，让我觉得她就是我的知音。"

觉察·感悟·行动

1. 学习了沟通的五个层面，你觉得自己和父母的沟通在哪一层？和恋人的沟通在哪一层？你对这种状态满意吗？

2. 在沟通中和恋人分享各种私密的感受，对你有挑战吗？在生活中，你会和谁分享心事？为什么是 TA？

3. 本课列举的错误的倾听方式，你犯过哪几条？以前有意识到这些行为对别人的伤害吗？

4. 为什么我们不能批判别人的感受？你有过批判别人的经历或者被别人批判的经历吗？

徐老师：

　　我遇到一个很大的麻烦，男朋友劈腿了，但是，他现在又回来找我，我该怎么办？

　　他其实一直对我很好，我们从大学到现在，相处了6年多。他这次是和公司的一个女孩，他说，只是看过一次电影，吃过几次饭，并没有更深入的关系。

　　说实话，这次的问题我也有责任，他工作一直比较忙，很辛苦，我对他不够体贴，常常给他很大压力。他说那个女孩一直对他特别关心，让他觉得特别温暖，慢慢地就产生了感情。

　　我虽然很恨他对别的女孩动了心，但是，我对他还是很有感情，他也对这件事很后悔，并不是想和那个女孩有什么结果。

　　现在我很犹豫，想给他机会，又怕他以后还会犯同样的错误；就此分手，我又特别舍不得。

　　我不知道该不该原谅他，也不知道该怎样原谅他，我们重新和好后，我是不是就能忘了他给我的伤害？

　　徐老师，很想听听您的意见。

@伤心泪流成河

第 11 课
肯原谅，会道歉

01

一段关系中，相处久了一定会有人犯错。犯错的是对方，就要学习如何原谅；犯错的是自己，就要学习如何道歉。

亲密关系开始时，一定是被对方的优点所吸引，但是，想要让这种关系长久、深入，就需要包容和接纳伴侣的阴暗面。所以，亲密关系最难的部分是双方带着温情容纳彼此的阴影。

来信的 @伤心泪流成河就处在这样的艰难中——要不要原谅犯错的男朋友。

面对这样的问题，无论回答要还是不要，都显得过于轻率。不妨先谈谈：为什么"饶恕"对所有人来说都是一个难题。

绝大多数人都曾经为是否要饶恕别人而纠结过，伤害我们的人可能是陌生人，也可能是最亲近的人。如果不理解饶恕的真正含义或不知道该如何饶恕，就会陷在内心的苦痛中久久不能释怀。

我们不愿意饶恕那些伤害我们的人，是因为对饶恕或者原谅这样的行为存在误解。

1. 我们误以为饶恕是"便宜"了伤害者

其实，饶恕不是让伤害者轻松，而是让我们自己轻松。怀恨在心折磨的是我们而非对方，所以，饶恕首先是把自己解脱出来。

2. 我们误以为饶恕是对自己不公平

有人说："我知道原谅他会让我轻松，但我不能这么做，因为我不维护自己的权利，就没有人会这么做。"

被伤害后当然有权利寻求公正，但不饶恕意味着允许伤害的后果继续在你身上存在，沉浸在痛苦中才是对自己更大的不公平。

3. 我们误以为饶恕就必须跟对方和好

饶恕并不意味着和伤害者重归于好，有些伤害者不配得到和好的机会。饶恕是单向的，和好是双向的；饶恕是放过自己，和好是再给对方一次机会。

澄清这些对于饶恕或者原谅的误解之后，我们对于亲密关系中伴侣犯错该如何应对，是否就有了一个大致的方向？

@伤心泪流成河的男朋友劈腿了，虽然关系没有发展得特别深，但问题的性质还是挺严重的。

有关机构对几年来中国夫妻离婚原因的调查显示："一方出轨"是排在"家庭暴力"之前的第一离婚动因。可见，移情别恋、背叛感情，是对亲密关系最严重的伤害。

　　面对这样的伤害，是否原谅和如何原谅就非常考验一个人的智慧。

02

　　我受理过遭遇丈夫外遇出轨的妻子的咨询，我给她们的建议是：不要那么快地决定原谅还是不原谅；比迅速做出如此重大决定更有意义的是，认真思考一下，从这样一次恶性事件中，你发现了什么？

　　@ 伤心泪流成河在遇到男朋友劈腿之后，也应该先把思考的焦点从"是否原谅他"转移到对 6 年感情的重新审视。

　　无论是长时间的恋爱还是有着漫长岁月的婚姻，伴侣之间很容易产生情感懈怠，似乎每一天的日子都是昨天的重复，很少有人会主动对习以为常的感情进行梳理总结。这时候，再没有比"一方背叛"更"好"的助力器，可以直接推动两个人去直面情感的质量，检视两个人在一起的真正意义。

　　遭遇背叛的女性可以问自己几个问题：

　　他的行为背后藏着怎样的感情需要？是不是我不能满足的？
　　他的内心冲突是什么？是不是我一直忽视了？

他如果悔改，我们双方需要做哪些改进？

必须承认，从人性的角度讲，男人女人都有可能出现身体或精神上的出轨，只不过无论是从遗传基因的角度看，还是从社会对男女两性出轨的包容差别来看，男性更容易经不住诱惑，背叛的道德成本也更低，所以，他们发生这类事件的概率更大。

有的伴侣选择在事情发生后迅速原谅，迅速和好，这并不是他们爱情更坚定的象征，很可能是双方都出于恐惧在躲避直面痛苦的治疗期，男方不敢面对自己道德上的污点，女方害怕面对被别的女人"比下去"的羞辱，迅速让这事过去，两个人就都可以躲开恐惧。

但是，原谅得过于迅速、过于容易，看似跳过了痛苦的治疗期，实则为下一次发生类似事件埋下了伏笔，因为，发生背叛的根本原因并没有真正找到。

面对伴侣背叛，女性需要很多心理建设。首先，不能"享受"受害者的身份，觉得对方是"渣男"，自己是无辜的，可怜的；其次，要从被背叛的羞愧中脱身出来，男朋友移情别恋并不意味着你"输了"，只不过是提醒你们两人，有些问题急需解决。

面对伴侣背叛，女性还需要直面伤害和问题，给自己充足的时间去思考：当初你为什么选择和他在一起？离开他你最舍不得的是什么？在这次事件之后，你们的关系可能会朝着哪个方向发展？你有没有能力承担分手的后果？

当你在决定继续这一段关系之前，还应当考虑：对方是真的认识到错误还是想蒙混过关？他是否迫于道德压力而不敢和你分手？他是否因为"第三者"无心和他发展长久关系才不得不回到你身边？

这些问题的答案需要在和伴侣交谈时去寻找，也需要自己细心观察和冷静分析，甚至需要可信赖朋友的贴心建议。

当一个女人内心笃定地和伴侣共同面对问题，而不是情绪失控地指责谩骂，事情才更有可能向好的方向发展；否则，自己都没弄清楚要什么，无论和解还是分手，都前途暗淡。

光明的路有两条：第一条，原谅对方人性的软弱和阴暗，不再追究谁对谁错，和平分手，开始人生新旅程；第二条，允许他为自己辩解，但要求他做出认错和改错的行动，原谅他这一次的不坚定，不再纠缠之前的是是非非，两个人一起创造更美好的未来。

另外两种做法则一定会让你陷入泥淖：第一种，不原谅，分手后继续在朋友和熟人圈子一遍一遍讲述自己被辜负的凄惨故事，甚至在社交媒体上不断地诋毁他，发泄怒气，无法开始新生活；第二种，不原谅（尽管嘴上有可能说原谅），但也不分手，心怀芥蒂，常常想起对方伤害自己的过去，有机会就用不同方式折磨对方，作为对他背叛行为的惩罚，伴侣关系无法得到改善，两个人都活得压抑痛苦。

所以，遇到背叛，最重要的是有能力原谅和饶恕，无论分手还是和解，只要肯原谅，都是正确的选择。

03

伴侣犯错后，原谅他不是一件容易的事；自己犯错后，如何为获得对方的谅解去道歉，也是需要学习的。

很多人没有认识到道歉对于维护亲密关系的重要性，中国人爱用"亲不见外"来区别普通的人际关系和亲密的人际关系，认为和"外人"应该有礼有节，和"自己人"就不必那么在乎，所以，在很多家庭里，夫妻之间常有争吵，却很少道歉，父母因为自己的不当言行而向孩子道歉的事几乎不会发生。

由于我们在原生家庭里没有道歉的榜样，当进入恋爱关系后，遇到自己犯错的情况，就根本不知道该如何向对方道歉。

首先，我们会从心里抵制道歉，原生家庭的不良经验，让我们觉得认错就是认输。

其次，我们会很恐惧道歉，认为道歉就是自我否认，自我否认会带来可怕的幻灭感。

最后，我们不会道歉，不知道对方想听什么，不知道如何表达歉意，与其说错，不如不说。

对很多人来说，犯错后真诚地道歉是一个高难度的动作，他们从未反思过自己为什么不愿道歉或不会道歉，以至于很多伴侣之间、家人之间都因为犯错者拒不道歉或不会道歉，而出现多年无法弥补的裂痕。

一对老夫妻，都70多岁了，妻子说丈夫年轻时做过对不起家庭的事，但从来不道歉，以至于她一直无法原谅他、相信他；丈夫说妻子经常背着他给娘家人拿钱，被他发现后，也从不承认，更不道歉，这让他觉得妻子这么多年都没有和他一条心。结婚几十年来，类似的事情大大小小不胜枚举，两个人都错失了用道歉去修复关系、弥合感情的宝贵机会，虽然已经过了金婚，但是，夫妻感情却寡淡乏味、貌合神离。

所以，要想拥有高质量的伴侣关系，要想在以后的婚姻中能够应对各种矛盾和冲突，不要让有意或无意的伤害动摇了爱情的根基，要学会道歉。学会道歉就是掌握了一项化解冲突、修复关系的高级技能。

04

美国著名婚姻治疗专家盖瑞·查普曼博士在他的《道歉的五种语言》一书中说，道歉应该有五种表达方式：

表达歉意——说"对不起"；

承认过错——说"我错了"；

弥补过失——拿出行动；

真诚悔改——说"我不会再那样了"；

请求饶恕——说"请原谅"。

当我们真正意识到我们的过错给伴侣造成了伤害，并愿意表达我们的歉意时，就会特别想竭尽全力地让对方感受到我们的诚意和悔意。

遗憾的是，现实生活中，大家似乎都采取了错误的道歉方式，有时候是无效的，有时候甚至会再次激怒对方，使两个人的关系变得越发不可收拾。

最常见的道歉误区有以下几种。

第一种，惜字如金式。只说一句"对不起"，就再也没有任何补充，听起来很没有诚意。对方如果不买账，TA会说："我已经说对不起了，你还想怎样啊？"这句话里的挑衅意味往往会激起伴侣更大的怒气。

第二种，先抑后扬式。前半句还不错："我是做得不对，让你生气了。"紧接着的后半句却是："但是，如果不是你怎样怎样，我也不会怎样怎样。""但是"一出口，道歉就变成了指责，这种转嫁责任的说法，对方怎么可能接受？

第三种，假装无辜式。一开口就是："我真的不是故意的，真的不知道你这么在乎这个，所以，你就别生我的气了。"表达的重点不是为冒犯或伤害对方而愧疚，而是为自己的开脱寻找借口。

按照盖瑞·查普曼博士在他的书里所指导的，一个满分的道歉应该是五种表达都具备的，要带着十足的诚意去消除对方的痛苦，并愿意付出应有的代价。

具体来说，我认为，有效的道歉不应该只是一次性的，而应当是持续一段时间的，而且，既有道歉的语言，也有悔改的行动。

让对方容易接受的道歉语言包含两个特点：第一，360度无死角；第二，多次反复。

所谓360度无死角道歉，就是不给自己留一点辩解开脱的余地，不找借口，不假装无辜，不避重就轻，不躲躲闪闪，直面自己犯的错，从行为到动机剖析自己的错误，坦然承认，把所有的努力全放在如何让对方心里好受上面，甘愿付上让自己尴尬难受甚至无地自容的代价。

所谓多次反复道歉，意思是同一件事，尽管已经道过歉，不管对方是否再提起，只要想到对方的伤口可能还没有好，就要主动多次反复道歉。这就像是给伤口敷药，一次未必就痊愈，多敷药才好得快。为了让对方的伤口尽快愈合，宁愿一次次审判自己。

我使用过这样的方法，效果之好出人意料。

我曾经在多年前做过一件伤害孩子自尊的事，他当时没有表示，我也没有意识到。几年后，他无意中说起那事，并告诉我那件事给他带来好几年的痛苦。

我听后很震惊，也非常后悔，于是，思考了很久，终于找到机会和孩子深聊了几个小时。

我说："儿子，你告诉妈妈那件事对你造成的伤害后，我失眠了好几个晚上，说实话，我都不敢相信那是我做出的事。你这么多年一直忍着没有说，心里藏着多少委屈啊，一想到这点，妈妈既心疼，又内疚。想一想，真是羞愧啊，我常常自诩为一个好妈妈，其实我差得很远，这件事说明我是多么虚荣，一心盯着你的考试成绩，根本没看到你的内心需要。妈妈做的那件事根本不配被你原谅，所以，我今天也不是请求你原谅，就是想告诉你，妈妈错了，而且错了这么多年后才向你道歉，实在是对不起你。如果有什么事能弥补妈妈对你的伤害，我一定会做！"

在这次谈话之后，我在适当的机会又多次主动提起这件事，用不同的方式多次向孩子道歉。

一系列的道歉行动之后，我们母子之间的关系变得更加亲密，一直困扰他的一些情绪问题得到了很大缓解，他也变得更自信，学业功课长进很大。

和道歉的语言相比，悔改的行动更加考验人，它既包括向对方弥补过失的行动，也包括改变自己错误的行动。

改变错误的行动需要更持久的努力，不仅要对自己伤害他人的语言、行为有深刻的反省，还需要有较高的自控力，约束自己停止那些对伴侣造成伤害的事情。

比如，有些女孩子不仅喜欢当众对男朋友发脾气，还喜欢在微信朋友圈把两个人的矛盾公之于众，觉得只有这样做才能"解气"，虽然事后也常常后悔，但总是改不了。这样一来，道歉的语言再诚恳，也会失去对方的信任。

总之，真诚的道歉不仅需要高超的表达技巧，更需要对他人痛苦的感同身受，还需要改过自新的持久行动。在亲密关系中，再没有比成为一个会道歉的伴侣更有助于感情的稳固和长久了。

伴侣之间，谁都会犯错。对方犯错，需要学习如何原谅；自己犯错，需要学习如何道歉。与其期盼自己和伴侣都不要犯错，不如努力做一个肯原谅、会道歉的聪明恋人。

案例分享

琳琳和男友相处快 3 年了，感情虽然不错，但是，男朋友的朴实和稳重，常常让她觉得有点乏味，于是，对浪漫又花心的前男友难以忘怀，有一天偶然相遇后，竟然旧情复燃。

琳琳和前男友虽然各自都有恋人，仍然在激情的驱使下做了越界的事。事后，琳琳很后悔，而且，并没有打算和前男友复合。

然而，这件事先被前男友的现女友知道了，后来，也被琳琳的男朋友知道了。琳琳被质问时，承认了。

男友感到很受伤害，决定终止恋爱关系。

琳琳深感自己的错误难以被原谅，同意分手。两周后，她给对方写了一封很长的信，痛悔自己所犯的错，表达了深深的歉意。

她在信中说："我被所谓的旧情冲昏了头，就像一个失去理智的疯子，也像一个失去道德约束的野蛮人，我对你的伤害让我羞愧，你不原谅我是天经地义的。"

她还说："我伤心的不是你不原谅我，而是我把咱们这么多年的感情搞砸了，而这一切都是因为我的无知和贪婪。我现在真正明白了，我想要的是和你这样的人共度一生，而不是和他那样的人进行感情游戏，可惜我明白得太晚了。"

男朋友长达几个月没有回复她，琳琳没有抱怨，她理解对方受的伤害之深。在几个月内，她又陆续写了几封信表达自己的歉意，并且在对方生日那天，寄送了一块贵重的手表作为生日礼物。

事情的转机发生在男朋友的母亲因患脑血栓昏迷之后，琳琳知道消息立即赶往医院，主动承担起照顾病人起居的责任，为此向公司请了一周的假。

在医院的一周，琳琳只和男朋友讨论与治疗有关的话题，从不谈感情的事，但是，男朋友看到琳琳像女儿一样对他的母亲尽心尽力，本来已经变冷的心渐渐地回暖了。在母亲苏醒后，他告诉母亲："妈，幸亏有琳琳一直在照顾你，医生护士都以为她是我妹妹、您女儿，我告诉他们，她是我女朋友，您的准儿媳。"

就这样，两个人和好了，并且约定了婚期。

觉察·感悟·行动

1.学习本课后，澄清了你对于饶恕和原谅的哪些误解？

2.如果遇到伴侣背叛，你会有怎样的心理反应？结合本课，你觉得怎样的做法最明智？

3.你犯错后会及时准确地道歉吗？如果你不喜欢道歉，现在知道原因了吗？

4.本课列举的错误道歉方式，你遇到过吗？采用过吗？效果如何？

徐老师好！

我和男朋友谈了将近两年，他昨天和我说希望半年后结婚，我突然心里慌慌的，一想到这辈子就要和这个人厮守终生了，很怕自己没做好准备。

我不能说我不喜欢他，但是我希望能够更加了解他。

我们在一个城市生活，经常能见面，一起吃饭、看电影，相处挺愉快，他也对我挺好的，我没有什么不满意，但就是觉得我们两个人彼此了解并不很深。

当然，这样结婚也是可以的，但我总觉得心里没那么确定，我希望有一种什么方式可以增进我们之间的了解。毕竟，结婚是一辈子的事，不是吃饭看电影这么简单，以后我们肯定会共同面对很多困难，他是不是可以让我托付终身的人，我们是否真的合适，我其实还希望可以有机会考察一下。

我对他说了我的疑虑，他说，你想了解什么你就问啊，我什么都不会隐瞒你的。但是，说实话，能问的问题我都问过了，也知道答案了，我还想对他进行更深入的了解，却不知道该问些什么。

徐老师，您觉得我们现在这种状态，做些什么可以加深了解呢？

@爱上清晨的茉莉花

第 12 课
没做这些事，千万别结婚

01

有一个不容忽视的社会现象，90 后的年轻人闪婚闪离的比例在升高。所谓闪婚，是指相识不到半年就结婚，闪离是指结婚半年之内就离婚。

闪婚未必了解不深，闪离肯定是由于了解不深，又遇到解决不了的冲突。所以，结婚要慎重不是指谈恋爱必须持续多长时间，而是指一定要在双方深入了解的情况下再进入婚姻。

来信的 @ 爱上清晨的茉莉花准备半年后结婚，但是觉得双方了解不深，就产生了恐慌。许多人在婚前遇到过这种情况，但是大都按照惯性或者被家人催促就匆匆忙忙进入了婚姻，一旦在婚后发现对方身上有不可忍受的缺点，有些人也许就会选择闪离。

所以，伴侣之间能够达到深入了解是恋爱进行到一定阶段后应该出现的状态，如果结婚前还觉得双方不够了解，就应该先"补课"再结婚。

有些夫妻结婚很多年，双方仍然了解不深，这种"熟悉的陌生人"的状态很难让两个人在婚姻中产生归属感，更不要说幸福感了。

那么，怎样的了解才够深入？知道他的姓名、籍贯、家庭关系、工作状况、性格爱好还远远不够，你需要对他的过去、未来都进行过探寻，还需要对他内心深处的需要有所洞察，所以，恋人之间仅仅靠情话或者一般的聊天是无法达到这个境界的。

心理咨询师小楼老师从专业角度给大家提供了几个问题，对这些问题的深入探讨一定会让伴侣之间的内心距离变得更加亲近。

1. 你童年最好和最糟心的记忆是什么？

2. 你最希望我为你做的三件事是什么？

3. 在你的朋友和家人中间，你认为哪对伴侣关系最好？为什么？

4. 你觉得和我在一起，最大的好处是什么？

5. 我有哪些行为让你不爽？你希望我停止哪些行为或者改善哪些行为？

6. 有什么事让你担忧、焦虑，甚至到了失眠的程度，但你却没有告诉过我？

7. 有什么事是你一直想做，但一直没做成的？是什么阻止了你做这些事？

8. 你爱我什么呢？什么时候你觉得自己最爱我？

9. 你认为我做什么事情会让你无法原谅？为什么？

找一个安静的场所，拿出至少两个小时的时间，只有你们两个人在一起，彼此问对方这几个问题。

也许，有的人从来没有进行过如此严肃的对话，不要紧张，放轻松，这是一次比较深入的聊天，但它又不是普通的聊天，需要你会表达，也会倾听。

当对方问、你回答时，要尽量打开自己，敞开自己的情绪，挖掘记忆深处的东西，也挖掘情感深处的东西，按照问题，把它们尽可能完整地呈现出来，表述出来。这样，对方才能了解真实的你。

当对方回答问题时，要耐心倾听，不要插话，不要打断，不要评判，更不要指责、嘲讽。只有看到你的全然接纳，对方才敢全部敞开。这样，你才能了解到真正的他。

人生的路很长，作为即将携手一生的伴侣，你们在这9个问题上的探讨越深入，对你们的未来就越有好处。

02

为什么要问这 9 个问题？从这些问题中又可以发现什么？

把这 9 个问题进行分类：第一类，1、3、6、7 题，主要了解各自的童年经历、理想伴侣模式、焦虑与担忧，以及内心的渴望；第二类，2、4、5、8、9 题，主要了解一方对于另一方的态度、期待和担心。

比如，第一类的第 3 题，"在你的朋友和家人中间，你认为哪对伴侣关系最好？"

这道题可以展示出你和伴侣心中的理想关系样本，也许，你心目中最恩爱的夫妻是姨妈姨夫，因为姨夫处处让着姨妈，对姨妈包容体贴；而对方心目中理想的夫妻是表哥表嫂，因为表嫂贤惠顾家，对表哥言听计从，让表哥可以一心一意搞事业。

如果是这样，说明你们对未来相处的模式有不同的展望。对于这些观念差异，在婚前讨论就会避免婚后冲突。

比如，第二类的第 9 题，"你认为我做什么事情会让你无法原谅？为什么？"

这道题在讨论双方对于保持关系的底线是什么。也许，一方会说："如果你敢不经过我同意就私自动用咱们两个人的钱，我就和你分手。"另一方表示："你如果和别的异性发生关系，我就绝不原谅你。"这样的讨论虽然不轻松，但是却极有意义。

通过对话，既可以坦诚地亮明自己的底线，也可以清楚地知晓对方的底线，在此基础上，双方为了共同的利益和感情，就会格外警醒，不去触碰对方的底线。不然，很可能在进入婚姻后还不知道对方最深恶痛绝的事情是什么，冒冒失失地酿成大错。

我和我先生也做过这9道题的答问，耗时将近3小时。虽然我们结婚多年，但是，也要借着这样的专业问题的引导，才能得以进行如此深入的谈话，让我们对彼此有许多新发现。

当他说出他童年最糟糕最恐怖的记忆是看到被捆绑成一个个粽子一样的"反革命"被"造反派"扔上卡车时，我突然理解了他为什么那么不喜欢被约束。

这段深刻的童年记忆让他对于任何外界强加给他的有形无形的"捆绑"，都会拼命挣脱，这当然促使他很早就跳出体制自己创业，但也让他在婚姻生活中特别不喜欢被"管"。理解了这点，我就格外注意，坚决不用命令和要求的语气向他布置家务，而是用请求帮忙的方式，效果果然非常好。

当我说出他最让我不爽的行为是拿我和别人比较时，他也就明白了我为什么会在一些他认为的"小事情"上发飙了。

我告诉他，我小时候在原生家庭有创伤，常被妈妈拿来和别人比，输得莫名其妙，所以，最讨厌他拿我和别人比。如果觉得我说话方式欠妥，或者穿衣风格需要改进，直接说出来就很好，千万不要说"你看人家某某某的太太，说话总那么温柔"，或者"你那个朋友穿衣服挺有品位，你可以和她学一学"。这种表述方式会让我莫名地愤怒，有一种被比输了的屈辱。

我先生了解我的感受后，非常自责，他不仅向我诚恳道歉，而且表示再也不会说那样的"傻话"伤害我了。没有这些问题巧妙的帮助，也许我还在和先生生闷气呢！

9个问题的深入交流让我们摸到了对方的软肋，也探到了彼此的灵魂深处。这样的交谈也许只有几个小时，但是，在增进了解的作用上远远超过更长时间的泛泛而谈。

我给一对结婚快10年的朋友推荐了这9个问题。他们使用后表示：做题时，竟然觉得对方挺陌生；做完题后，又感觉对彼此的认识至少加深了5年。

03

伴侣之间，越了解才会爱越深，用心理咨询师给出的专业问题进行讨论，可以加深双方的了解；两人结伴做一次短途旅行，也是一种快速的识人妙法。

日语里有一个词叫"成田分手"，意思是很多情侣或新婚夫妻出门旅行回来后，在东京的成田机场一下飞机就分道扬镳。

国内某旅行网站做过类似的调查，结果显示，92%的人认为旅行可以检验真爱，54%的人在旅途中产生过分手的想法，16%的人在旅行后分了手。

其实，钱锺书先生早在他的《围城》里就借赵辛楣的口说出过这样的观点："结婚以后的蜜月旅行是次序颠倒的，应该先共同旅行一个月，一个月的舟车劳顿之后，双方还没有彼此看破，彼此厌恶，还没有吵嘴翻脸，还要维持原来的婚约，这种夫妇保证不会离婚。"

很多结了婚的人特别赞同钱锺书先生书里的这段话，他们在生活实践中认识到，出门旅行简直就是一次婚前演习，旅途中要遇到各种大大小小的事情，就像一道道考试题，考验着男女双方的情绪管理能力、危机处理能力、金钱管理能力、合作谈判能力，等等。

据网络调查，在旅途中，女性最不满男伴的是：缺乏足够的责任感；只顾自己，不顾女方的感受；不讲卫生，生活习惯差；干涉女方买买买；拍照技术太烂……

男性最不满女伴的是：爱叨叨，却帮不上忙；不理性购物；成天自拍，不和男方说话；不独立，总依赖男方的照顾；胆子太小，不敢尝试新鲜事物……

看起来男女双方各说各的理，但我们透过现象看本质，就会发现，旅行是打破平时生活轨迹的一次"微出轨"，在全新的、陌生的环境下，两个人要应对很多突发事件，再加上旅途的疲劳，很容易"原形毕露"，在"和平环境"下相处还不错的情侣，也很容易在旅途中发生冲突和争吵。

但是，旅行也确实是检验真爱的方法之一，一个人如何对待旅途中的矛盾和争吵，可以很大程度上预测出 TA 在今后漫长的婚姻中如何应对类似的问题。

如果两个人在旅途中发生矛盾，都觉得自己是受害者，对方表现太差劲，可想而知，这两个人今后的婚姻会是什么样。如果两个人尽管在旅途中有分歧有争吵，但是，仍然能通过讨论、协商、妥协等各种沟通手段解决问题，化解矛盾，开开心心地走完整个旅程，那这两个人就是有能力应对进入婚姻之后的问题的。

所以，要想对你的伴侣有更深的了解，特别是已到谈婚论嫁的阶段，准备开始人生新的旅程，就应该先做一次模拟演练，用一次短途或长途的旅行来对他进行全方位、立体化的了解，当然，这也是给对方一次了解你的机会。

你在旅行中的表现才是最真实的你，你在旅行中看到的他才是最真实的他，经过这次考验，如果你们还愿意在一起，婚姻顺利、相伴一生的可能性就很大。如果在旅途中发现双方差异很大，或者对方身上有你不能忍受的缺点，那么，分开也许是最明智、成本最低的选择。

两个人从相爱到结婚，可能从此就厮守一生，只有建立在充分了解、充分接纳基础上的感情，才是婚姻最可靠的保障，无论通过 9 道专业的心理测试题，还是通过一次或长或短的旅行，都可以帮助我们离想要的目标更近一些。

案例分享

很多人会在网上分享自己的"成田分手"经历，他们的经验也许值得借鉴。

一个叫 Alin 的女孩子这样写道：

"我和前男友大概是旅行后 3 个多月分手的，但我自己觉得是旅行时候留下来的积怨。

"那次是去欧洲玩，我们在一起半年多了，状态还不错。我也是有心想要看看我们两个究竟能不能一起出远门，这对我来说还挺重要的。如果可以，那他也许是个可以结婚的对象。

"一开始我们都挺开心的。虽然整个行程全部都是我规划和安排的，因为我在欧洲留过学，他没有，自然是我熟，所以我倒也没什么意见，还热情洋溢地带他去看读书时候走过的各种地方。

"但令我很不爽的是，他走几步路就会开玩笑似的抱怨，表示我们要不坐会儿吧；或者就说，我有点累了，我们早点回去吧；两个人一起吃饭的时候，他也总是看手机，气氛特别尴尬。

"这种沉默其实在国内谈恋爱的时候也有，但那时候大家都在工作生活，压力挺大，所以吃饭不说话也可以谅解。在旅行的时候，杂事没有了，这种沉默就让我开始怀疑，究竟是他事情太多了？还是我们其实真的没有话说？

"于是整个旅行因为这种状态而让我变得心事重重，我也不知道如何跟他沟通这个问题……

"不知道他是不是也感受到了，但他从没有坦诚地说我们再谈一谈之类的话。

"回国后恋情延续了一阵，但通过这次旅行我觉得我们之间不合拍，就和平分手了。"

一位叫 Mike 的男生也有类似的经历：

"我强烈建议大家先旅行，再结婚，可以杜绝不少闪婚闪离的结果。

"我前女友很漂亮，家境也挺不错，我们在家人介绍下认识不到一年，就准备结婚了。

"我工作很忙，没有机会长途旅游，第一次长途旅游就是和她一起去西班牙。一路上，我很有兴致地聊高迪的现代主义建筑风格，她就想着奢侈品的差价，频繁地和闺密发微信语音，讨论买什么最划算；我带她去看西班牙的两大国粹：弗拉明戈舞和斗牛，结果她就在那里想着怎么自拍发朋友圈。我当时就有一种感觉，我们之间毫无默契，我好像不认识这个人。

"回来之后，我确信她和我根本就在两个世界，平时聊的也只是工作和日常生活，完全讨论不到更深的一层。也怪我自己，觉得对方漂亮，大家吃饭喝酒玩得来，就认定了我们可以一起生活。结果发现我俩在本源上的问题全不对盘，让我对未来的婚姻感到越来越恐惧。

"后来，当然是分手，我又恢复了单身。"

觉察·感悟·行动

1. 结合本课，心理咨询师建议的 9 个问题，你最想了解伴侣的是哪几个？

2. 这 9 个问题中，你最想让伴侣了解你的是哪几个？

3. 你有过类似"成田分手"的经历吗？你了解造成"成田分手"的原因了吗？这对你的未来有怎样的帮助？

择偶这件事，无论选择还是相处，了解自己很重要。

越懂自己的女孩，越不会做后悔莫及的傻事；越懂自己的姑娘，越容易躲开错的人。

懂自己不是一件简单的事，走近自己的内心，有时需要直面伤痛的勇气，但是，无论如何，掩饰和躲避，都不会让我们获得真正的成长，恋爱中的一个又一个考验，会让我们藏不住，躲不开。

成长中的经历对现在和将来都会发生深刻的影响，成为祝福还是成为诅咒，取决于我们对这些经历的看法和解释。在爱情中很多人都会旧伤复发，那其实是自我疗愈的好时机。

没有完美的童年，没有完美的性格，没有完美的爱情，没有完美的人生，接受自己和任何人一样，是个不完美的普通人，爱情来临时，才不会害怕胆怯，也不会装作趾高气扬。

相爱基于两个人的互相吸引，内心的强大会带来引力场的改变。与自己和解的人，会释放出温柔的光，吸引别人靠近；与自己和解的人，也有能力托住别人的软弱。

爱上别人之前，先爱上自己；了解别人之前，先了解自己。

嫁人不能靠运气
24 COURSES OF LOVE
AND GROWTH FOR GOOD GIRLS

好女孩的
24堂
恋爱成长课

第三章

智 慧 开 “ 心 门 ” —— 懂 自 己

CHAPTER 3

徐老师：

　　我今年26岁，生活在一个三线小城，到了这个年龄，就必须考虑结婚嫁人的事情了。

　　但是，我有一个问题很困惑，别人给我介绍的对象我一个都看不上，周围也有男士追求我，我觉得他们不够成熟，和他们没话说。

　　但我不是没喜欢过别人，上高中时，暗恋过一个老师，觉得他知识渊博，谈吐风趣，特别有魅力。当然没有表白，人家早就结婚了。

　　后来长大了，想象未来的另一半时，总觉得应该是一个年长一些的成熟男人，跟这样的人过一生才觉得踏实。可我能遇到的都是年龄相仿的男孩子，看起来不错的男人都结婚了。

　　我不知道我这样的想法是不是病态的，因为我是单亲家庭长大的，母亲一个人含辛茹苦很多年，我很缺乏安全感，遇到问题总盼着有个人可以帮我拿主意，周围的小男生怎么会有这种能力？他们看起来还不如我成熟呢！

　　徐老师，您说我该怎么办？是找一个差不多的男生凑合呢，还是继续等待那个我心目中理想的成熟男人？

@亮亮

第 13 课
缺父爱找大叔，缺母爱找暖男

01

很多在感情方面遇到困扰的人，都会把目光聚焦在某一个具体的问题上，比如，来信的 @ 亮亮的困扰是无法喜欢同龄男孩，还有一些女孩的困扰是，总是爱上同一类"渣男"，或者，无论和谁谈，恋爱超过 3 个月就想分手，等等。

如果我们知道，一个人在爱情里拼命寻找的，其实是内心最缺的东西，对于当前的困扰是不是就有了不一样的解读？

不得不承认，每个人在原生家庭里都有缺失，用句心理学界常说的话——没有谁的童年是没有阴影的。带着这部分缺失，我们在成年后希望可以加倍找回，所以，从某个角度说，我们一生在感情中寻找的，不过是理想的父母。

天下没有理想的父母，由于种种原因，每个人得到的父爱母爱都是有残缺的，只不过，有些人的缺失比较严重，导致 TA 们格外需要在一段恋情中被弥补。

有心理学学者用"缺父爱找大叔，缺母爱找暖男"来形容那些带着童年缺失进入爱情关系的女孩子的心理。

@亮亮在信中说她跟着单亲妈妈长大，严重缺乏父爱，总希望身边有个强有力的人能够替她拿主意。不得不说，这的确是她看不上同龄小男生的主要原因。

缺乏父爱的女孩最渴望的是有一个强大的男人可以为自己遮风挡雨，所以，力量型大叔最满足她们的想象。这样的女孩未必都是单亲家庭长大的，她们的父亲或者过于懦弱，或者严重失职——人虽然在，但却常年处于一种心理缺席的状态。

在长达20多年的成长过程中，这样的女孩子一直缺乏父性的爱和关怀，也缺乏由父亲提供的庇护和指导，使得她们在择偶时过分要求对方具备父亲的特征，比如，智慧、包容、有力量，甚至，希望对方可以任何时候都"宠"着自己。

这样的要求对于20多岁或30出头的男生来说，过于苛刻，他们也还在成长完善阶段，需要和伴侣彼此扶持，共同进步，单方面让他们对伴侣付出"父亲般"的关爱，实在有点强人所难。

于是，渴望父爱的女孩子就会对他们很失望，把目光锁定到年龄更大的男人身上，总觉得只要找到一个愿意承担"心理父亲"角色的力量型大叔，就会毫不费力地拥有想要的爱情。

她们在现实生活中常常要面对失望，大部分女孩子很难遇到一个单身的令人满意的大叔，因为，按照世俗的择偶定律，女人都希望找一个比自己强的男人，所以，婚姻市场上的"剩男"大多数是各方面条件没那么优秀的，"剩女"反而是出类拔萃的居多。

其次，极少数找到满意大叔的女人，在相处一段时间后会发现，看起来无所不能的大叔，也有解决不了的难题。一个渴望把人生难题"承包"给大叔的女孩子，在看到大叔面对前妻、孩子、事业瓶颈以及过大的年龄差异等现实问题时表现出的尴尬和无力，会突然有一种上当受骗的感觉，本以为选大叔是开启了"容易"模式，没想到还是要应对如此复杂的人生。

02

和缺乏父爱的女孩相比，缺乏母爱的女孩对于男人表现出的温柔和体贴特别敏感，这是比勇敢、力量等雄性元素更能够打动她们的特质。

缺乏母爱的女孩未必是没有母亲，只不过母亲身上缺少带着母性的爱，这样的母亲也许很要强，很严厉，很能吃苦，但因为缺少柔情和细腻，让孩子常常感到不被心疼，不被体贴。

在缺乏母爱的家庭长大的女孩子，对于未来伴侣的渴望里，充满母性元素，比如会疼人，会做饭，会照顾人，脾气好，等等。

这样的暖男当然有，也能遇到，但是，这些女孩在原生家庭中的情感缺失问题并不会在遇到暖男后就全部解决。她们若不能看到自己的内心缺乏和真正需要，就会在和暖男的相处中遇到新的问题。

暖男的母性气质当初是吸引她们的重要元素，但是，拥有这样气质的男人很可能在事业上缺乏拼搏心，他的志向和乐趣不在那些和竞争、打拼有关的充满雄性味道的事情上。面对这样的暖男，当初的动心、暖心，难免不会变成烦心、闹心。

如果暖男能够将感情和事业平衡得很好，不仅体贴柔情，事业也经营得不错，看起来简直是完美，但是，对于有些惯于享受暖男照顾和谦让的女生，却把这一切视为理所应当，她们不肯在关系中成长，不肯回馈对方付出的温暖，一味地想让对方迁就自己，久而久之就会把暖男逼得变冷变硬，她们却不知反思，只会歇斯底里地发问："你怎么变成这样？"

平心而论，暖男也是人，也需要伴侣的温暖和接纳，如果，女孩子没有看清自己渴望暖男的心理诉求是填补自己的母爱缺乏，就很容易把对方"工具化"，只想享受人家的好，不想付出努力去回应。

所以，看清自己的择偶动机，就会对自己在亲密关系中的表现有主动的觉察，不再就事论事，而能够透过现象看本质。

喜欢暖男没有错，希望暖男也是"猛男"，就有点要求过高，或者，因为暖男脾气好，就无所顾忌地"欺负"人家，不肯做成熟的伴侣，就很容易在现实生活中失望、碰壁。

03

婚姻心理学家告诉我们，每个人在情感关系中都有三种需要：充当小孩的角色，扮演父母的角色，成为平等的伴侣。越是在三种需要中达成平衡的伴侣，关系越稳定，情感满足度越高。

简单地说，一对成熟稳定的伴侣，应该在大多数时间都是平等的；同时，当一方展露软弱、无助的时候，另一方愿意，也有能力扮演安慰者，也就是父母的角色。换句话说，女人可以像小女孩一样被男人"宠"，男人也可以像小男孩一样被女人"哄"。

只希望在关系中"充当小孩的角色"，是这些严重缺乏父爱母爱的女孩子的共性，她们的成长经历和性格特点使得她们对于两性关系的理解出现了偏差，在和伴侣相处时，遏制了对于"成为平等的伴侣"和"扮演父母的角色"的需要，一味地希望对方单一地满足自己"做小孩"的需要。

但是，对方未必只有"扮演父母的角色"这个单一需要，他在关系中有权利要求和伴侣平等相处，也有权利偶尔享受被伴侣像母亲一样呵护、心疼。他的需要如果一直被忽视，无法被满足，他在这段关系中就成为被利用的工具，不仅不公平，也不可能长久。

女孩子如果认识到伴侣也有三种需要，就不能独霸着"小孩子"的角色不放，要努力成为一个成熟的、平等的伴侣，和对方有福同享有难同当，并且，还要让自己成长为一个有母性情怀的大女人，在伴侣脆弱、失意时，用母爱一般的力量托住他，给他包容和鼓励。

如果不能觉察自己在择偶时的心理需要是因为原生家庭父爱或母爱的缺乏，很容易对遇到的正常男性看不上眼，或者对伴侣要求过高，还有一种可能，就是被老于世故的坏人骗财骗色。

据媒体报道，现在有一些诈骗团伙把目标盯在这些内心不成熟、在婚恋上屡屡受挫的女性身上，他们精心设计了圈套，把"诱饵"包装成一个能够满足这些女性所有心理需求的完美男人，殷勤，体贴，出手阔绰，把"女朋友"宠上天，想听什么他就说什么，让陷入圈套的傻女孩觉得自己遇到了真命天子，在他面前可以任性、撒娇、胡搅蛮缠，成为永远不需要长大的孩子。

然而，好景不长，一旦骗取女孩子信任后，这些骗子就会以各种名义要求女孩子汇钱，有时是投资需要，有时是合伙做生意，有时甚至是帮忙还债。很多女孩子在被骗几万甚至几十万后才幡然觉醒，知道自己受骗了。

骗子当然可恶，等待他们的是法律的严惩，但是，如果，这些女孩子不能认清自己在择偶观念上的误区，再次遇到骗子、"渣男"的可能性仍然很高。

04

在原生家庭缺失父爱或母爱，甚至父爱母爱都缺失，的确是一件让人伤感遗憾的事，由于这样的缺失，因而想在亲密关系中得到补偿，这是完全可以理解的。

但是，现实是冷酷的。我们的缺失似乎没有人能够补偿，父母未必会在儿女成年后忏悔，弥补当年的过失；伴侣也有他们自己的缺失，也需要被补偿，他们很难以男朋友或丈夫的身份给予我们父母般的关爱。所以，自我疗愈，自我成长，就成为一条必须走的路。

如何疗愈？如何成长？

首先，让自己停下来，静下来，不管你现在是否处在恋情当中，不要把思考和焦虑的中心放在眼前最困扰你的现实难题上，不要再纠结"为什么我就遇不到心仪的爱人"，也不要继续纠缠在和男朋友的情感矛盾中，而是，每天抽出一小时时间，关掉手机，读书，写日记，至少持续一周。

其次，要做下面这件事。

如果有伴侣，可以把你的成长经历和他分享，告诉他你曾经的伤痛和现在的恐惧，感谢他对你的包容，也请求他体谅你在某些方面的软弱和不成熟，并且告诉他，愿意和他一起成长，互相包容。

如果现在没有伴侣，可以找一个信得过的好朋友，和她聊聊你童年的故事，讲一讲你成长过程中的心酸和痛苦，她未必能给你专业的建议，但是，你的故事需要有人听到，在讲述的过程中，你会自动产生一个讲述者的第三方视角，这样，可以帮助你更加客观地回溯过往，厘清思绪。

最后，阅读一些和心理学有关的书籍，或者参加一个成长小组，有条件的甚至可以在居住地找一位心理咨询师，在专业知识和专业人士的帮助下，逐渐对过往的缺憾有更智慧的解读，接受不可改变的过去，努力让自己变得更成熟，更强大。

以我的经验来看，对于发生在我们身上的事情，对于自己的认识偏差，以及表面需求背后的心理含义，每个人都是当局者迷，我们往往不会觉察到父爱缺失、母爱缺失竟然会影响我们的择偶观念和亲密关系模式，所以，一旦有了觉察，让觉知的亮光照进认知房间的黑暗角落，就相当于有了旁观者的崭新视角，不仅更容易看清问题的真相，自我改变的能量也常常超乎想象。

如果，学完这一课，你对过去有了不同的看法，你对在择偶方面遇到的困惑有了新的解读，我想，那表示你已经开始了觉察和改变。

案例分享

❤️

　　真真如愿以偿找到了一个大她好几岁的暖男，她渴望的耐心、细腻、温柔，这个男人全具备。

　　最初的相处特别甜蜜，真真也成了被闺密们羡慕的人，她的朋友圈里整天在晒幸福，男朋友的细心体贴让她一次次被感动。

　　有一次，她晚上胃痛，男朋友给她打包了热粥，买了养胃的药，穿过了大半个城市给她送来，她在朋友圈里发感慨："上天为什么会这么爱我，给了我这样的天使。"

　　然而，临近结婚时，真真开始发现男友身上的"缺点"，她悄悄地向闺密抱怨："他人是很好，但就是不上进，给我买的礼物没什么值钱的，我想买房，他说可以先租房，过几年再买。"闺密劝她："人好最重要，他就是一个普通公务员，家庭也普通，你让人家立即在北京买房不现实啊！"

　　真真陷入纠结中，她在闺密的劝说下，参加了我组织的一次读书会，那次的读书会邀请了一位心理学老师为大家讲课，主题是有关原生家庭对个人成长的影响。

　　真真第一次开始反思自己，也在分享会上流着泪讲述了自己的故事。

　　真真的父母在她5岁时离异后，各自组建了新的家庭，又各自有了小孩。真真在父母家轮流住，虽然没有被虐待，但是，那种被视作外人、被排斥的感觉让她小小年纪就尝到了人情冷暖，一直到18岁上大学，她才变得稍微开朗一些。

　　所以，她的特殊成长经历让她既需要男朋友有母亲一般的细腻、柔情，也需要他能像父亲一样有力量，可以为她提供丰富的物质保障。

参加读书会一年后，真真对男朋友的不满和抱怨渐渐地变淡了，她意识到，她的苛刻要求没有人能完全满足，男朋友已经很尽力了，而且，这样的求全责备对人家并不公平。

真真找男朋友长聊了一次，把自己的故事也讲给他听，告诉他："以前的我太幼稚，想让你把父母欠我的感情还给我，对你的要求不切实际，我现在觉得特别内疚。"

男朋友之前对她的经历知道一些，但从没有听她讲述过那些年的内心感受，听她说完后，格外心疼她，也坦诚地分享了他的想法，他说："说实话，我以前是觉得你有点'作'，以为是你年龄小，没想到你经历过这么多痛苦，是我不够理解你，我要向你道歉。"

在我的建议下，真真后来找了个机会，和父亲母亲一起吃了一顿饭，她把自己积压在内心很多年的感受都告诉了他们，她说："今天我说这些，不是要谴责你们，只是要你们知道，我那些年是怎么过来的，你们当然有权利开始自己的新生活，但是，我做的牺牲你们似乎从来没有意识到。"

她的父母第一次听到女儿和他们说心里话，两个人都不好受，但也承认在真真小的时候，忽视了她的感受，道歉的话虽然没说出口，但，真真看到了他们眼睛里的愧疚。她觉得，这就够了。

和父母坦诚沟通后，真真觉得自己的心里不再空落落的，她慢慢学会了接纳，接纳父母当年的照顾不周，接纳自己曾经的苦痛。这让她放下了对男朋友的挑剔，更加珍惜男朋友的包容、体贴，和男朋友的相处也越来越默契。

觉察·感悟·行动

1. 你知道自己在爱情里拼命寻找的是什么吗？你曾经找到过吗？

2. 你的原生家庭对你的择偶观念造成了哪些影响？你和你的父母讨论过这个话题吗？

3. 如果父母没有能力给你足够的爱，你希望如何自我成长和自我疗愈？

徐徐姐：

　　我今年 27 岁，大学毕业后已经工作了 4 年。我自认为适应环境的能力还不错，虽然换了几个工作，但一次比一次好，领导同事对我也比较认可。

　　但是，在感情上我却常常有挫败感，谈了几个男朋友都分手了，因为我在他们身上都发现了不能忍受的缺点或毛病，最后一任男朋友，大家都说好，都觉得我们很般配，刚开始我们感情也相当不错，直到有一次，我看到他在玩一款我觉得特别 Low 的游戏，就劝他别玩，他觉得游戏就是游戏，何必那么当真。我们为这事争吵过很多次，最后我忍受不了，就提出了分手。

　　和他分手后，我周围的朋友都说我太挑剔了，总是这样的话，以后也很难遇到合适的人。我为此反思了自己，觉得这次的事是有一点过了，但我不愿再回头找他复合，我看他也没那个意思。

　　在学业和工作上，我一直非常努力，我的父母对我这方面要求也很高，我没有辜负他们的期望，但是，我的性格让我很不容易迁就别人，对待感情也如此，稍微不合我心意，我就不想继续往下走，换来换去，到现在还单身一人。我不知道是他们都不够优秀，还是我太骄傲，以至于太挑剔？

　　徐老师，我想听听你的意见。

@不会撒娇的紫罗兰

第 14 课
越自卑，越挑剔

01

悉尼大学、佛罗里达大学等多所大学进行的一项"人格与社会心理学"研究报告中说，恋爱关系中的挑剔心理有三个特征：1.女性比男性更挑剔；2.在情场上条件优越的人更挑剔；3.与风花雪月的短期恋情相比，人们在以结婚为目的的长期恋爱关系中更挑剔。

从进化心理学的角度看，女性在婚恋中是承担怀孕风险的人，所以，她们必须更加谨慎地选择伴侣，确保自己和孩子能得到物质和精神的双重保护；而婚恋条件优越的人可选择余地大，自然不愿意轻易降低标准，这也在情理之中；同时，与短期恋爱相比，期望和对方共度余生的恋爱关系当然会让男女双方都更加慎重。

所以，假设一个女生在情场上很抢手，而且目前的恋爱是以结婚为目的，她可能就占据了以上三条关于挑剔的心理特征，因而会格外挑剔。

如果挑剔是因为谨慎和在乎，似乎没什么问题，但是，太多不合理的挑剔有可能会让人错失一个好伴侣，这就需要我们认真审视一番，看看自己不能容忍的那些伴侣的缺点，是否是由于自己的吹毛求疵？更重要的是，我们要试着了解自己过分挑剔背后的原因。

当不确定自己的挑剔是否在合理范畴之内时，我们可以问自己以下几个问题：

1. 通过这样严格仔细的筛选，我想要一个怎样的伴侣？这样的伴侣在现实中存在吗？如果存在，我能遇到吗？如果能遇到，他和我般配吗？

2. 我对爱情有着怎样的期许？我所期望的未来的家庭是怎样的？

3. 我对自己有怎样的要求？我希望成为怎样的伴侣？如果什么都不改变，我的状态有可能遇到比现在更好的伴侣吗？

通过对这几个问题的思索，可以帮助我们更多地了解自己，审视自己，洞悉自己的渴望和恐惧，清楚自己对于伴侣缺点的"过敏"反应藏着怎样的担心，同时，在通过客观的评判之后，调整对于目前恋爱关系的态度。

一位姑娘和我说起她的择偶条件，不仅有"六要"，还有"十六不要"。

先看要什么：要有房子，要有本科文凭，要身高超过 1.75 米，要相貌端正，要月薪过万，要父母都有退休金。

再看不要什么：不要抽烟，不要喝酒，不要睡觉打呼噜，不要说话声音太大，不要养宠物，不要不洗牛仔裤，不要穿凉鞋时穿袜子，不要牙齿不整齐，不要秃头，不要蓄胡子，不要手心出汗，不要不讲卫生，不要家里有姐妹，不要学医背景，不要花钱小气，不要南方人……

我问她为什么能把要求想得这么细，她回答我："每当我在生活中遇见不喜欢的人，我就会把他让我不喜欢的特征记住，久而久之就总结出这么多条。"

和她深聊后发现，她在三段恋情结束后，特别不想再一次陷入失恋的痛苦，她害怕自己像之前一样因无法容忍恋人身上的毛病而终止恋爱关系，所以只好把择偶标准不断完善、细化，想用这个办法来选到一个没有那些毛病的标准恋人，避开将来可能会产生的分歧和矛盾。

看起来她是对伴侣的要求格外挑剔，实际上是她对自己应对真实恋情的能力极度不自信。我们可以假想一下，即使她真能遇到一个符合她苛刻的"六要十六不要"标准的男人，她真的就不会再挑出他身上的毛病了吗？肯定会的，那时候该怎么办？立即分手并且把标准更加细化严格吗？显然不是办法。

我们要看到的是，她对恋人的格外挑剔是因为她害怕面对一个有血有肉有优点有缺点的真实的人，这个人肯定和她心目中的完美恋人不吻合，就像她和内心中的完美自己不吻合一样。

所以，挑剔的锋芒看似指向别人，实则指向自己。

02

　　我听到过很多妻子对丈夫的抱怨，并不是出轨家暴之类的大事，都是一些鸡毛蒜皮的小事，这些不如意的小事，常常搅得她们心神不宁，对婚姻失望，对感情失望。

　　我也听到过很多母亲抱怨自己的孩子，无非是调皮贪玩、不爱学习，她们在诉说这些小事时表现出的焦虑和愤怒，和事件的严重性根本不成正比。

　　当然，在恋爱关系中抱怨男朋友的女孩子就更多了，像来信的 @ 不会撒娇的紫罗兰这样，因为男朋友爱玩的游戏不合自己的口味就怒而分手的，一点也不少见。

　　静下心来，她们也会觉得自己可能有点挑剔，但是，她们又表示，勉强自己接受那些让她们不爽的事情，会让她们很难受，如果是丈夫、孩子，可能就不得不忍下去了，如果是男朋友，就宁愿分手也不愿费力维持这段关系了。

　　@ 不会撒娇的紫罗兰说自己是不是"太骄傲"了，所以才如此挑剔，看起来是这样啊，对别人提出了很高的标准，总嫌别人不够优秀，不够完美，不是骄傲是什么？

真的是这样吗？我也有过这样的困惑。

我曾经是一个挑剔的伴侣、挑剔的母亲，对于先生和儿子身上的小问题常常有如临大敌的恐慌，最开始，我也认为自己是过于骄傲，总想拿自己的标准要求别人，也试着降低标准，不再对他们挑三拣四。

但是，看到他们的所谓缺点毛病，却不能说出口去纠正，我简直憋得快要爆炸了，那种如鲠在喉的感觉太难受了。于是，忍不了多久，我就又恢复到以前的挑剔模式，不停地发现问题、指出问题，但并没有换来问题的改善，却使家庭关系变得紧张、压抑。

我向我的一位导师诉说我的苦恼，当我带着一丝不易察觉的优越感说："唉，没办法啊，也许是我的完美主义让我这么挑剔。"他却说出了这样的话："也许，是你的自卑让你这么挑剔？"

正是这句话，让我揭开了蒙在挑剔表面的骄傲"面纱"，看到了我不愿意承认的真相：是自卑和恐惧让我对一丁点小问题都反应过激。

很多人和我一样，她们总希望亲密关系中的人表现优秀，不要犯错，并不是出于骄傲，而是出于自卑。

那些明明看到自己的挑剔已经破坏了伴侣关系、亲子关系的女人，就是因为没有认识到挑剔的背后藏着深深的自卑，所以，才无法找到改掉挑剔的正确方法。

03

　　过分挑剔别人的人一定曾经被严厉挑剔过，TA 的成长经历让 TA 在潜意识中内化出一个严格的"父母"，这个"内在父母"在 TA 离开原生家庭的父母之后仍然如影相随地跟着 TA，随时随地指正 TA，批评 TA，让 TA 总感到自己不完美，很差劲。

　　如果对此没有觉察，这样的人很容易在亲密关系中变成挑剔的伴侣，在有孩子之后变成挑剔的家长。

　　在原生家庭中长期被挑剔带来的自我价值感过低，自我认同不足，让恋爱中的女孩格外希望找到一个各方面都无可挑剔的伴侣，这样就会缓解自己的自卑焦虑。她们没有意识到需要调整的是自己看待自己的认知角度，误以为只要精挑细选出一个"挑不出毛病"的伴侣，就不会再被内心的那个严格的"父母"指责、挑剔。

　　无奈，世界上从来就不存在挑不出毛病的人，即使真的存在，凭什么人家会选中你？这个答案有点残酷，但是，却是我们必须面对的真相。

有些人带着这样的想法千挑万选也没有选到那个人，于是凑合着谈恋爱，凑合着结婚，"内在父母"每天都自动开启批判模式，把自卑带来的恐惧、愤怒变成挑剔的刀剑，不停地刺向伴侣甚至孩子。

这就太遗憾了！很多女性不知道的是，自卑带来的挑剔不仅破坏了家庭关系，还会制造出下一代的"自卑—挑剔"循环，成为心理学上所说的"代际传承"。

所以，当一个人能够反思自己对于恋爱对象的过分挑剔，能够觉察自己的认知漏洞，就可以较早地进行调整、改变，不仅有助于恋情顺利发展，更多地会带来自身的成长。

心理学理论告诉我们，刚出生的婴儿没有自我概念，他对自己的评价没有自卑和自信的区别，一个人的自我概念是在成长过程中不断地与父母等家庭成员以及玩伴、同学、老师的互动中逐渐形成的。

自卑的人自我评价低，认为自己不值得被爱，没有价值，缺乏吸引力，等等。这些对自我的负面认知不是凭空产生的，是一个人在与他人接触互动的过程中经历了负面的事件，感受到了负面的情绪，久而久之形成的。

那么，经历了什么样的事件就会形成负面的自我认知，让一个人变得自卑呢？

一般来说，一个人长期处于被惩罚、被指责、被忽视、被虐待的环境，就容易形成负面的自我认知，特别是在其婴幼儿和青少年时期，因为他们对负面的事件没有抵抗和分析能力，会把在这些负面事件中感受到的负面情绪内化成对自我的认知。

负面的自我认知会让一个人对自己深深失望，这样的失望投射到身边的人身上就变成时时刻刻的挑剔，看起来是在说"你太让我失望了"，实际上是在说"我对自己太失望了"。

要想从根本上阻断过分挑剔伴侣的心理动力，就必须觉察出深藏于潜意识的自卑情结，接纳自己才能包容他人。

在谈恋爱的过程中，如何鉴别对于伴侣的不满是否属于过分挑剔？以下几个方法或许会有帮助。

方法一，找一个婚姻幸福、夫妻关系好的女性朋友，把自己对恋人的不满说出来，让她从第三者的角度客观地评判一下，看看你看不过眼的问题有没有你想的那么严重。

方法二，把自己的问题想象成别人的事，设想一下，如果你的闺密和她的伴侣为你烦恼的这件事争吵，你会怎么看？你是否会觉得她小题大做？你会怎么劝解和开导她？

方法三，认真回想一下，是不是在和恋人相处的过程中，你的一举一动都无可挑剔？如果你回答"是的，我一直无可挑剔"，你的自我认知可能需要一个大的调整。如果你回答"不是"，接下来，你就会学着接受自己并不是一个每件事都无可挑剔的超人、完人，你也只是一个经常会犯错的普通人。

识别对恋人的挑剔是否超出了正常范围，需要成熟客观的他人视角；觉察挑剔背后隐藏的自卑和恐惧，需要有强烈的自省意识，也需要周围有见地的朋友的点拨，读一些心理学书，参加一些线上或线下的成长课程，都是行之有效的好方法。

案例分享

　　思雨今年30岁出头，她相貌好，工作也不错，但是恋爱却谈得非常不顺，从上大学开始，陆陆续续谈了七八个男朋友，有的恋情长，有的恋情短，共同之处就是谈得都不愉快。

　　思雨的几任男朋友对她的评价倒是很一致——"太挑剔，和她在一起特别累，多好的事她都能挑出毛病"。

　　有趣的是，思雨的闺密和朋友们，都表示理解这些男生的感受，用一位闺密的话说，就是"能和她坚持半年恋爱的都不是一般人"。

　　思雨和朋友、同事相处时，也是非常挑剔的，她总有一个很难达到的标准，也常常不掩饰自己的观点，脱口而出一些伤人的话。比如，同事乔迁新居，大家一起去祝贺，她会对同事家的家具款式、窗帘颜色批评贬低，俨然自己的品位高于他人，让主人客人都不舒服。

　　对同事尚且如此，对男朋友的要求可想而知了，她习惯性的挑剔和贬低把几个起初对她很有好感的男孩子都赶走了。

　　朋友把思雨介绍给我时，她似乎已经对谈恋爱绝望了，她不明白自己条件这么好，为什么就找不到一个满意的男朋友。

　　我问思雨："你认识的人里，谁是你想成为的人？"

　　思雨说："我姐。"

　　思雨的姐姐是她的家族里"神"一样的存在，也是周围亲戚朋友眼里的"别人家的孩子"。思雨的姐姐不仅长相出众，而且是传奇学霸，当年考上了名校，后来去美国读研究生毕业后，在加州找到了一份高薪工作，还嫁了一个家境优越的白人律师，生了两个漂亮的混血宝宝。

思雨从小就被家人和姐姐比较，她身上的闪光点在姐姐耀眼光芒的衬托下，没有人看得见，她拼命努力想证明自己，却每每以失败告终。她的父母享受着大女儿给家族带来的荣耀，对小女儿忽略、轻视，从未对她有过肯定和赞赏，虽然并没有任何打骂、虐待，生活上也非常关照，但是，那种对她不抱希望的宽容常常刺痛她。

　　思雨的自卑渐渐变成了挑剔，她挑剔周围的一切，也挑剔和她相处的每一个恋人，她完全看不见这些男孩子身上不同的优点，一心想找一个让父母亲戚刮目相看的"完美伴侣"。

　　几次谈话之后，思雨看见了自己，看见了那个被和姐姐比较了几十年的委屈的小女孩，她说出了自己压抑的痛苦，表达了对父母的抱怨，甚至对姐姐的嫉妒，在我面前，她流着泪说："我再也不想证明给他们看了，我要活得让自己舒心。"

　　幸运的是，和思雨分手几年的大学男友一直没有忘记她，在一次同学聚会的时候两人再次相逢，得知她仍然单身，就开始重新追求她。对自己有全新看法的思雨终于开始了一场为自己而谈的恋爱。

觉察·感悟·行动

1. 恋爱关系中，女性为什么比男性更挑剔？

2. 你是一个对伴侣非常挑剔的人吗？你了解自己挑剔背后的心理成因吗？

3. 学习本课后，你计划从哪些方面开始改变？

徐老师：

　　您好！

　　我谈过两次恋爱，目前已空窗快一年了。前两次恋情结束得很不开心，第一次是对方提分手，我不愿意，纠缠了半年才分开，第二次虽然是我提的分手，但分开后我特别不甘心，总觉得自己有委屈，希望对方道歉，但是，已经分手了，又没办法再提。

　　因为这样的经历，我很长时间走不出来，很郁闷，心情长时间低落，也变得很不自信，不敢再谈感情。

　　前两次恋情有很多不便与外人道的是是非非，虽然已过去很久，我却没有释怀，夜深人静时，常常回想和前两位男朋友相处的点点滴滴，有后悔，也有不甘，总在想，如果当时我做了这件事或者不做那件事，结果是不是就会不同？心里也明白，往事不可追，过去了就过去了，只是有很多遗憾。

　　我并不是多么眷恋两位前男朋友，只是觉得自己现在的状态非常不好，根本不可能开始一段新感情。我不想这样自怨自艾下去，毕竟我才27岁，美好的生活还等着我。

　　徐老师，我想请您帮助我，如何尽快走出现在的情绪低谷？如何恢复自信，以良好的状态迎接新的恋情？

　　期盼回复！

　　　　　　　　　　　　　　　　　　　　@岭上开满杜鹃花

第 15 课
好好和旧爱告个别

01

很少有人一生只爱过一个人，和初恋结婚的人也少之又少，所以，绝大部分人是有前任、有旧爱的。前任当然是旧爱，旧爱却不一定是前任，有些暗恋虽然没有表白，但却是很多人心头割舍不下的回忆。

很多人不愿意提起他们，觉得那是破裂关系的记忆，是前尘往事的残渣，是欲说还休的尴尬。

但是，如果我们一直把旧爱当作一个不能触碰的伤疤，嘴上虽不再提，心里却始终没有放下，长时间沉浸在这种情绪里，并不适宜迎接新欢。

没有放下，有的女生是因为对前任或暗恋的那个人用情太深，有的则不是因为对方有多好，而是对过往有太多的不解和不甘，因为不释然，所以放不下。

来信的 @ 岭上开满杜鹃花就没有放下前任，不是眷恋，而是无法释怀当初自己犯的错和对方犯的错，这也是很多女生和前任分手后很长时间走不出来的原因。

根据我辅导的上百对情侣的情感状态来看，凡是对前一段恋情处理得冷静、节制的人，更容易比较快地进入新的恋情；凡是对前任能够客观评价，对孰对孰错不再计较的人，和现任的关系更和谐、融洽。反之，则会比较慢地投入新恋情，或者，在和现任相处时总带着不安和警惕。

那些还爱着旧爱的女生会在脑海里不断追问，"为什么他不爱我"或者"为什么他不再爱我"。这个无解的问题一直在折磨她们，让她们无时无刻不在自我怀疑和自我否定中受着煎熬，有些做事冲动的女孩子甚至去质问过前任或暗恋对象，对方无论怎样回答都解不开她们内心的困惑和谜团。

有些女生则在分手后对交往过程中的事件习惯性复盘，对自己在上一段恋情中的表现不满意是最常见的情绪，要么因为识人不准而悔恨，要么因为没被好好对待而愤恨，要么因为没有成熟地处理好某些事情而内疚。总之，内心不平静，不坦然，但又无人诉说。

玥玥和大学恋人分手后几乎抑郁，她觉得这段恋情耗费了她全部的激情和能量，两个人从甜蜜幸福到争吵不休，分手时都已经筋疲力尽。玥玥说自己再也爱不动了，于是毕业 3 年都无法开始新的恋情。

佳颖分手后的痛苦在于前男友不到一个月就有了新女友，而他们的恋情长达 4 年，这让佳颖对之前的亲密时光产生了巨大的怀疑，也不愿再相信爱情。她常常问闺密："你说，忘掉一个人怎么会那么容易？是不是他从来没动过真心？"周围朋友都觉得她魔怔了。

青青暗恋公司的师兄好几年，在对方结婚后，她辞职去了别家公司。虽然没有交往过一天，但青青在"失恋"后几乎痛不欲生，后来相亲遇到的男生其实都挺不错，但她就是觉得爱不起来。

对这些女孩子来说，旧爱成了一道迈不过去的坎，她们的感情生活陷入僵局，甚至整个人生都被困顿住了。

我接访过结婚 20 多年仍然对初恋念念不忘的中年女士，也接访过婚后一直偷偷在日记里写下对暗恋对象的爱慕的年轻妈妈。她们在其他事情上的理智，在这件事上全然消失了，虽然她们的丈夫并未发现什么破绽，但这些女性都承认，她们内心的这些活动严重影响了和爱人的感情，她们为此惶恐，不安，甚至愧疚。

<h1 style="text-align: center;">02</h1>

　　和旧爱告别，是每一个想拥有幸福新恋情的女生必须面对的事，哪怕你现在已经有了相爱的人，但是，若没有好好和旧爱告别，仍然会让你的这段恋情经受意想不到的考验。

　　什么是和旧爱真正的告别？

　　真正的告别不是不再联系，不是不再见面，不是拉黑微信、取消关注微博，不是从此不再提起此人，而是真正地从心里做到放下和厘清。

　　这并不容易，很多女生误以为自己能够轻而易举地放下，拒不承认自己并没有和对方厘清，所以，就会出现意识和潜意识背道而驰，说出的话做出的事令别人匪夷所思，自己也解释不清的怪现象。

　　某香港女艺人 Z 和男艺人 C 的感情纠葛因私密照片的曝光被大众所知，事发后 Z 在访谈节目里痛斥 C，她流着泪诉说的样子被大家同情理解，当时她的丈夫也力挺她，没有和她离婚。但是，让人无法理解的事发生在后来她和那位男艺人在飞机上偶遇之后，Z 主动换座位，调到 C 身边，两人相谈甚欢还用手机自拍合影。这一波操作把喜欢她的粉丝都看蒙了，大家实在想不通她这么做是在搞什么鬼？很显然，从破碎家庭长大，有过苦难童年的 Z，对自己并不了解，她没有觉察到自己的心口不一已经是某种病态表征，事情被曝光后仍然嘴硬辩解，最后闹到和丈夫离婚也并不奇怪。

普通人虽然不会闹出明星那么大的动静，但也会在剪不断理还乱的感情纠葛中耗费时光，甚至也会因类似 Z 这样的"误操作"而断送自己的幸福。

所以，先别忙着表态自己早已"忘了那个人"，用下面几个问题测试一下自己，可能更容易帮助你客观评判。

没放下的人，若还爱着对方，会有如下表现：

1. 一想到那个人，心里就不大平静，但是，又想极力遮掩；

2. 不由自主地关注他，总想知道他的消息；

3. 希望他在爱情里不幸福，这样心里会舒服；

4. 有他参加的活动，心里很想去，但也可能会故意不去；

5. 和男朋友有矛盾，会假想另一个他会如何处理；

6. 遇到麻烦，总幻想他能出手相助；

7. 总拿他和别的男人或者现男友比；

8. 不想开始新恋情，或者无法投入地爱上别人。

分手后虽不再爱前任，但仍然没有放下的女生，会有如下表现：

1.常常想起过往，内心五味杂陈；

2.很想追究恋情失败的责任，希望能有人主持公道；

3.替自己过往的遭遇委屈，觉得他对不起自己；

4.常常有自责的情绪，也许是怪自己遇人不淑，也许是怪自己没有能力经营好关系；

5.常常和朋友诉说他的"坏事"，甚至会在社交媒体上贬损他；

6.对这段关系感到后悔，希望没发生过；

7.情绪持久低落，感到无法再相信别人，也对自己产生怀疑；

8.不敢或不想开始新恋情，或者在进入新恋情后，杯弓蛇影，害怕重蹈覆辙。

03

真正和旧爱好好告过别的人，心态是坦然和淡然的，坦然是因为放下，淡然是因为厘清。

她们会有云淡风轻的精神面貌，周围人很容易看出她们已经彻底走出来了。

她们不回避那个人，甚至敢于谈论那个人，对自己当年的不理智或不完美可以自嘲，也不在意别人谈论或问询，内心不再纠结谁对谁错，对伤害自己的行为也有豁达的谅解，不再自我批判，同时，也不再盼着对方过得不好，对他的关注度变为熟人朋友，不管是否进入新恋情，那个人不再成为参照者，总的来说，对未来有热情有信心。

真正做到以上几点，人生才可能开始新篇章。

要想对旧爱做到彻底的放下和厘清，有些方法可以借鉴。

2019年5月20日，著名心理学公众号KY组织了一场"520"线下分享活动，主题就是"告白前任"。组织者说，告白不是为了和前任再续前缘或者纠缠不清，而是为了能真诚地直视过去，直视不尽如人意的生活常态。

在分享会上，许多人当众分享了和前任的分手原因，有的分手平静理智，有的分手跌宕起伏。也许，每一段关系的结束都曾让当事人愤懑，迷惑，甚至自我怀疑，特别是加深了害怕不被爱的恐惧，但是，组织者"说出来，才能把心空出来"的良苦用心，让每一个参加活动的人都比之前更释然。

一位参加者的话特别有代表性，她说："告白前任，说到底是为了给过去一个交代。"

那么，为什么这段相爱的过去那么需要一个交代?

不得不说，在所有的人际交往中，爱情带给人的是一种强烈的情感体验，在一段感情中经历的情绪会被我们深刻地记忆。如果这段感情仍然在继续，或者发展成为婚姻，当事人就不会有失落感、丧失感，而是会有收获感、喜悦感。

中途停止的恋情会让当事人曾经高昂的情绪无处安放，即使我们不再留恋那个爱过的人，我们对自己曾经付出的高浓度感情也是格外珍惜的，我们会期待这段深刻的经历以及感受能够被人看见，甚至能够被长久地记录下来。似乎只有这样，这段特别的生命经历才不会随着恋情的结束而变成虚无。

所以，那些在一段感情结束后迟迟走不出来的人就是不想让自己的这段生命经历落了空，他们格外需要一个仪式化的告别，才能确信这段经历被看见、被记忆，如此这般方肯转身而去，追寻新的开始。

给过去一个交代，就是给自己一个交代。

04

　　KY 组织的这场"告白前任"的分享会，就是给这些走不出上一段恋情的人一个仪式化的告别。他们在组织者精心布置的场地坦诚、放松地回忆过往，既有对恋情的回溯总结，也有自我感受的畅快表达，无论吐槽前任还是抒发悔意，都是让情绪不再郁结的健康的处理方式。

　　如果没有机会参加类似的活动，也可以找几个信得过的朋友，搞一个类似的茶话会，在相对安静的环境下，向他们敞露心扉，把自己在这段感情中的经历和感受倾吐出来，在这些朋友的见证下，对过去做一个了结。当你确信你曾经的生命经历和重要感受被看见之后，放下才变得不那么难。

　　还有一个方法，就是写一封给旧爱的信，他也许是你曾经的暗恋对象，也许是你的前任，用心给他写一封长信，是和过去告别的另一种仪式。

　　这封信未必给他看，我甚至建议不要给他看，因为，写这封信的目的不是求复合，也不是兴师问罪，更不是要给对方压力，写这封信的唯一目的就是和旧爱仪式化地告别。

你可以在心中把想对他说的话痛快淋漓地写出来，无论是对暗恋对象的刻骨情感，还是对前任的怨恨或怀念，尽可以毫无保留地书写出来。

除了情感的宣泄，还应该有理智的反思和感恩的表达，这是非常有助于获得成长的自我进步。我辅导过的曾经困在昔日情感中的女孩子，只要愿意做这个功课的人，都反馈说这种方式效果神奇，她们写完信后，不仅变得轻松、释然，甚至有一种人生从此豁然开朗的开悟之感。

书写的力量是神奇的，它是一种自我对话，也是一种内观练习、一种思维提升，还是一种情绪疗愈。同时，以某人为假想阅读对象的书写比没有针对性的书写更容易让情绪恣意地导出、流淌，在疗愈情伤、缓解焦虑方面的效果更显著。

特别是，作为一种和旧爱告别的仪式，我建议大家一定要用纸笔书写，不要用电子文档。

因为，给旧爱的这封信是不会寄出的，它就是你过去恋情的证物和念想，只有可以拿在手里端详、摩挲的纸质信札，有实物，有质感，才有资格成为承担你潜意识中"把这段生命经历保留下来"的载体。

甚至，我建议，信纸要精心选择，书写的笔也不要将就，你必须明白，曾经付出那么多的宝贵情感值得认真对待，同时，也只有这么做了，你才会心安，才会放下。

告别常常需要仪式，和旧爱告别，是和一段倾注强烈情感的过去告别，也是和过去的自己告别，无论是参加"告白前任"分享会，还是和三五好友倾诉心声，或者，独自写下一封给旧爱的不会发出的书信，都是我们珍爱生命的表露。因为我们用心爱过，用力活过，所以，才要立此为据。那样，当我们奔赴前路回看时，就会粲然一笑，不怨不悔。

案例分享

Jessie 是参加过我的婚恋成长课程的学员，在"如何和前任告别"那节课上，我给大家留的作业是"给前任写一封信"，她的作业完成得很好。在征得她的同意后，部分摘录如下。

XX：

你好吗？好久不见了！

如果不是老师布置了这样的作业，我怎么都不会给你写这封信，当年我们相爱时，我也没给你写过信，没想到，第一封信竟然在我们分手一年半之后。

还记得那天最后一次见面吗？你好像要急着去什么地方，一直心不在焉，我想说的话都被你的匆忙挡回来了，于是，我们说了几句不咸不淡的话，各自说了保重、有事联系就散了，好像下周还会见面似的。

对于咱俩的这段感情，我们都有付出，分手也是共同的决定，不能说谁"甩了"谁，但是，分手后，我却一直放不下，不知道你是怎样的状况。

我放不下是因为好多话没和你说，也因为有些话你没和我说，但是，我们毕竟分手了，我又找不到理由再和你交流。

这段恋情让我难过的是，你一直没有全心全意地爱过我，而我也总把你当成情绪的出口，没能关注你的感受。

当然你可以说你对我很好，我承认，但是，你似乎是想完成一个任务，而不是情之所至。我从一开始就能感觉到，很后悔没有在那时和你谈开这个话题，可能是没有足够的勇气。

我曾经想和你一直走下去的，但是，很多事我都没有做好，我不知道自己要什么，却总想着你可以满足我，肯定经常让你感到为难。

....

　　分手后的一年多时间，我反思了很多，也后悔自己没能在咱们还在一起时更多地向你表达爱意，但是，我对你是充满感激的，谢谢你一直对我周到照顾，也谢谢你一直很努力地想维持我们的关系，谢谢你在我很多次无理取闹时，都没有责怪我，在我生病时，曾悉心照料我。

　　我曾经为自己没能把这段感情进行到底而后悔自责，也曾担心再也遇不到像你这样条件这么好的人，但是，现在我不这样想了，我们应该互相感谢对方，我们都能坦诚对待感情，而不是为了结婚就欺骗自己的心，和你相爱一场也让我明白，条件都是外在的，甚至是给外人看的，心灵合拍可能更重要吧！

　　你是好人，值得被爱，我也是，只不过我们不合适。

　　你一定会遇到你喜欢也喜欢你的好姑娘，我也会遇到懂我爱我也被我爱的好男人，那时候，我们会感激这次分手。

Jessie

　　Jessie 在上我的课之前，因为这次失恋，有了轻度抑郁的症状，她对上一段感情的许多情绪郁结在心。在课堂上的分享环节，她的讲述让许多人有共鸣，这对她是很大的缓解，情绪被认可后，她变得开朗了许多。

　　进行到"给旧爱写封信"这一课时，她非常认真地对待，不仅写了一封长信，而且，在课堂上分享了她写信之后的内心变化，她鼓励那些一直不知道如何下笔的女同学们，"别想那么多，怎么想就怎么写，一天不够就写两天，写着写着就找到感觉了"。

　　如果，一封长信就可以帮助你和旧爱好好告个别，这封信就应该用心去书写。

觉察·感悟·行动

1.你上一次分手分得愉快吗？为什么？

2.对前任，你放下了吗？他对你的现在和未来有影响吗？

3.结合本课，你学会如何和旧爱真正告别了吗？你觉得最有挑战
的是什么？

徐老师好！

有个问题憋在心里很久了，无法和别人聊，只好请教您。

我谈过几段恋爱，最近半年没谈，一直有追求者，我条件不差。

之所以不太愿意开始新恋情，是因为前面几段恋爱都是无疾而终，对方没做错任何事，我们之间也没有什么大的矛盾，就是我单方面觉得没劲了，就决定分手了。

最开始我以为是我找的那个人不够吸引我，后来发现每段感情相处3个月左右我就会想逃离，觉得那种爱的感觉没了，激情没了，和恋人相处就特别煎熬，勉强维持半年一年，然后都以分手收场。

我不知道别人是不是也有我这种情形，我也无法解释自己为什么会这样，我觉得我爱上一个人不难，但是我很难和一个人长时间相处。最后分手的这个男生当初很吸引我，我对他的感情起初是很热烈的，我以为这一次会有不同，没想到，半年之后，那种厌倦感又一次袭来，尽管我很努力地克制，但我实在受不了两个人平平淡淡地相处，如果那种强烈的爱的感觉不在了，我就觉得两个人的关系味同嚼蜡。

现在我有点搞不懂自己，为什么这么快就会厌倦一个人，也害怕今后的恋情也会重蹈覆辙。我没想单身一辈子，还是挺羡慕那种白头到老的人，也不排斥婚姻。

徐老师，我怎样才能长久地爱一个人呢？期待您的指点。

@长发及腰的小妖女

第 16 课
接受平淡，方能够追求完美

―――――――――――――

01

　　著名作家三毛说："爱情如果不落实到吃饭、穿衣、数钱、睡觉这些实实在在的生活中去，是不容易长久的。"这话说得很有哲理。

　　我在生活中遇到过不少像 @ 长发及腰的小妖女这样的女性，她们对一段关系厌倦的速度很快，很快地投入爱河，又很快地分手。

　　恋情开始之初，她满面春色，喜气洋洋，恨不得让全世界都知道她在恋爱，然而，过不了多久，热情消退了，整个人就变蔫儿了，周围朋友就知道，她的这段恋情要结束了。

　　要想解开 @ 长发及腰的小妖女之类的女性在恋情中频繁出现

的厌倦感之谜，我们不得不谈谈神秘的多巴胺。

大家都知道，爱情不仅是一种心理现象，也是一种生理现象。多巴胺作为大脑分泌的神经递质之一，不仅能左右人的行为，还参与情爱过程，激发人对异性情感的产生，所以，有人把多巴胺比喻为"恋爱兴奋剂"。

当一对男女互相产生爱慕之情时，丘脑中的多巴胺等神经递质就源源不断地分泌，势不可当地汹涌而出。于是，我们就有了爱的感觉，那种如痴如醉、神魂颠倒的感觉，总是让人觉得好奇，甚至让人觉得不可思议。有人这么形容爱意产生的美妙时刻："四目相对那一秒，只是无限炽热；指尖相碰那一刹，已是小鹿狂跳；深情相拥那一瞬，尽是天地旋绕。"

不幸的是，我们的身体无法一直承受这样的刺激，也就是说，一个人不可能永远处于心跳过速的巅峰状态，所以大脑只好取消这种念头，让那些化学成分在自己的控制下自然地新陈代谢。

科学研究表明，由于个体和环境的差别，一般来说，多巴胺的浓度高峰可以持续6个月到4年的时间，平均不到30个月（约两年半）。

科学家对于激情和多巴胺的研究让我们明白，若想在爱情中永远保持巅峰体验，是一件不可能的事，有些人不接受这一点，靠频繁地更换伴侣来寻求激情不散，不一定都是因为道德感薄弱，可能是他们幼稚而固执地想一直获得那种由多巴胺带来的眩晕和沉醉的满足。

为什么有些人对于激情退去更加难以忍受？

一位心理咨询师分享了他的一个案例。他接待的一个来访者，生长在一个家庭关系极其淡漠的环境，从小到大都感觉家里死气沉沉，青春期看了很多爱情小说后，格外向往那种心潮起伏、激情澎湃的体验，进入亲密关系后，她对伴侣为她制造惊喜的能力有非常高的要求，无论相识一个月、相爱一百天，还是生日、情人节、七夕节、"520"，都希望男生能制造浪漫，有礼物有活动。男生满足了她的心愿，她就在朋友圈广而告之，幸福感溢出屏幕；男生疏忽了或者累了没顾上，她的情绪就会跌到谷底，委屈得想分手。

可见，除了多巴胺的生理影响之外，一个人的成长环境以及心理成熟度都会决定 TA 对于激情过后平淡时光的忍耐力和接受力。

02

西班牙有句谚语"永恒之爱大约持续三个月",调侃男女激情的消退之快。但是,人不只是动物,更是社会化生物,绵延一生的爱情不仅是存在的,也是每个人通过努力可以争取到的。

美国耶鲁大学社会心理学教授斯滕伯格提出的著名的"爱情三角理论",可以帮助我们更全面地理解男女情爱的多种形态。

爱情三角理论认为,所有的爱情体验都是由激情、亲密和承诺三大要素所构成的。激情是指一种情绪上的着迷,个人外表的和内在的魅力是影响激情的重要因素;亲密指的是两个人之间感觉温馨、亲近的情感体验;承诺主要指两个人相爱以后对未来生活的约定,也就是长相厮守的决心,是爱情中最理性的成分。

激情是热烈的,亲密是温暖的,而承诺是冷静的。

这三种成分占比的不同,构成了喜欢式爱情、迷恋式爱情、空洞式爱情、浪漫式爱情、伴侣式爱情、愚蠢式爱情、完美式爱情等7种类型。

1. 喜欢之爱

只有亲密，在一起感觉很舒服，但是缺少激情，也不一定愿意厮守终生。

2. 迷恋之爱

被对方强烈吸引，除此之外，可能并不了解对方，也没有想过将来。只有激情，没有亲密和承诺。

3. 空洞之爱

只有承诺，缺乏亲密和激情，比如，为了结婚而在一起的男女，常常如此。

4. 浪漫之爱

有亲密关系和激情体验，没有承诺。这种"爱情"崇尚过程，不在乎结果。

5. 伴侣之爱

有亲密关系和承诺，缺乏激情。很多人结婚多年后的感情就是这种状态。

6. 愚蠢之爱

只有激情和承诺，没有亲密关系。没有亲密的激情，顶多是生理冲动；而没有亲密的承诺，不过是空头支票。

7. 完美之爱

同时具备三要素，包含激情、承诺和亲密。

我们应该看到，在激情、亲密、承诺这三个要素里面，除了激情之外，亲密和承诺都是需要一段时间才能转化为现实的，不是一蹴而就的事情，即使是激情，要维护也不是一件容易的事。

对于爱情，有两种极端的认知偏差，一种偏差是以为两个人只要开始相爱，就应热度不减，甚至幻想不用付出刻意的努力，爱情会一直保鲜；另一种偏差，则是绝不相信男女之间相处久了还有激情，认为在婚姻中爱情变为亲情是唯一的可能。

多巴胺理论让我们明白，第一种认知是不切实际的，是不符合生物规律的。驳斥第二种认知偏差的是科学家的另一项研究，扫描图像显示，共度20年的伴侣中，大约有十分之一的人在看到爱人的照片后，脑部仍然会迅速分泌多巴胺，就是被我们称为"爱情兴奋剂"的那种物质。

03

回到 @ 长发及腰的小妖女的问题，她在恋情中很容易厌倦，却又羡慕白头到老的爱情，这样的矛盾该如何化解？

绝大多数人感觉自己必须在浪漫之爱和伴侣之爱中做出选择，要么选择激情和亲密，要么选择亲密和承诺，每一种选择都有缺憾。在乎婚姻这个形式的，选了伴侣之爱，说服自己接受"平平淡淡才是真"，对激情不再苛求；在乎过程不在乎结果的，选了浪漫之爱，因为，不断更换爱情对象，可以抵消一些厌倦。

很显然，在现实生活中，接受平淡，选择伴侣之爱，更符合道德和文化的要求，这也是更多人的明智之选。

@ 长发及腰的小妖女很显然是渴望激情的，同时她也渴望相伴一生的承诺，浪漫之爱和伴侣之爱似乎都不能满足她对爱情的全部期待，她当然也不会选择只有激情和承诺的愚蠢之爱，那么，留给她的选项就只有一个，那就是难度系数最高的完美之爱，只有在完美之爱中，激情、亲密、承诺才能共存。

做这个选择之前，首先要相信，世间存在这样的爱情，同时，要愿意和伴侣一起不断地成长，来共同实现这样的目标。

作为一个已和爱人共度 25 年漫长岁月的人，我想我是有资格给希望获得完美爱情的女孩子一些建议的。

第一，要知道，激情会减退，也会重新涌出，重要的是你既要有接受平淡的智慧和宽容，也要有创造激情的勇气和能力。

研究发现：当我们经历新鲜、刺激或是具有挑战性的事情时，大脑中就会分泌多巴胺。和伴侣一起去经历新鲜、刺激或者挑战性的体验，可以帮助我们创造激情。

一起吃巧克力，一起吃麻辣火锅，一起去看惊险刺激的电影，一起玩蹦极，一起穿越沙漠，我和先生喜欢一起去做这些让我们心神愉悦甚至心跳加速的事。这是我们爱情保鲜的秘诀之一。

2016 年，我先生迎来他的 50 岁生日，为了留下特殊的回忆，我和他用 30 天时间从西安出发，沿着丝绸之路一直旅行到新疆喀什，沿途我们有许多次历险，有一天晚上甚至在从雅丹到敦煌的无人区戈壁遭遇汽车抛锚。一路走来，两个人仿佛重回 20 多年前的蜜月时光，为他的半百生日插了一面漂亮又耀眼的旗子。

有一年夏天，我俩在晚上散步时经常会拐进家门口的肯德基，买一只甜筒，两个人像小情侣一样你一口我一口地舔着吃，那种快乐到现在我还记忆犹新。

作为结婚多年的老夫老妻，我们尚且能常常玩出"心跳"的感觉，年轻的情侣们只要对生活有热情，对身边的这个人有热情，一定可以创造出很多高光时刻，让激情在相处多时之后仍能常常涌现。

第二，还要知道，爱情是一条有高有低的曲线，看看心电图你就会明白，只要生命继续，爱情就会有波动，健康的爱情不会是一条直线，而是在正常值上下起伏。

很多女孩子在恋爱过程中总爱纠结，男朋友怎样就是爱自己，怎样就是不爱自己，有的女生会对男朋友的情绪和态度过分敏感，"以前我说我病了，他会立即放下所有事赶过来，现在只不过提醒我吃药"，或者，"我们相爱三周年的纪念日要不是我提醒，他竟然忘了"，并因此觉得两个人的爱情变淡了。

其实，一直保持同样热度的爱情是不现实的，在大多数时间，两个人一直保持稳固的亲密感，并且对未来的预期没有变化，"忽冷忽热"的激情反而是正常的起伏，怎么可能相处很久还"高烧不退"？

女生自己的热情也会有起伏，低谷时若觉得这就是"不爱对方"了，爱的感觉没有了，那是因为对爱情缺乏更成熟的理解。

我们对伴侣，伴侣对我们，都会遵循这样的规律。大多数时候会"很爱很爱"，有的时候会"一般爱"，还有的时候会"没感觉"，甚至有时会"不太爱"，这是正常的、健康的，不能强求别人，也不要强求自己。

第三，在人生的不同阶段，亲密、激情、承诺三种元素的配比一定会不同，不可能平均分配，都在就好。

要想和爱人在共处10年、20年之后，仍然成为少数的幸运者，拥有激情、亲密、承诺三者齐备的完美爱情，不付出努力是不可能的，同时，也要接受不同阶段的变化。

热恋期、新婚期，激情会比亲密和承诺更多，渐渐地，亲密的温情才是维系两个人最坚实的纽带，而承诺则会在两个人发生冲突、某个人面对诱惑等特殊时刻，显现出它护法金刚的威力。

所以，长久地爱一个人是需要操练的一种能力，而不止是一种意愿。意愿再强烈，如果不能转化为提高认知的努力、创造激情的想象力、表达爱意的行动、抵制诱惑的节制，并不会为我们带来天长地久的爱情。

真正的爱情，不是永远激情澎湃。有智慧地接受平淡，才更有可能去追求激情、亲密、承诺三者俱在的"完美之爱"。

案例分享

　　相貌出众的文清今年 38 岁，她对爱情的要求一点没降低。

　　她在 30 岁之前谈过几次恋爱，每次都谈得轰轰烈烈，像言情剧一样一波三折，半夜接到她的电话是闺密们的常事，有时候是哭诉男友不体贴，有时候是在国外旅游兴奋得忘了时差。总之，她非常享受这种黏稠度高的感情。

　　文清和恋人分手也轰轰烈烈，听她讲得跌宕起伏，朋友们感觉心惊肉跳，劝她找个能长久过日子的男人。

　　文清说她要么不爱，要么就爱得惊天动地，于是，对每一任男友的要求都挺高，每当对方让她感到乏味之时，也是她想分手之日。有几次，对方不同意，于是，分手闹剧惊动了很多人。

　　文清的父母是特别世俗的人，他们对文清的物质要求很多，却很少给她关爱，也常常拿她和别人家的孩子攀比，所以，文清需要在恋爱中不断让男朋友用感天动地的事情证明他是爱她的，也不允许他有一丝倦怠，任何言辞或行动，只要被她理解为"不爱"，就会爆发为哭闹。也有男朋友受不了她的要求而主动分手，每逢这时，文清会不依不饶，直到折腾得两个人都筋疲力尽。

　　35 岁之后，给文清介绍男朋友的人明显少了，她无法接受像大多数人一样的平淡爱情，也遇不到一个能一直给她长久激情的恋人。事业做得很不错的她，说自己可以接受没有婚姻，但是，没有爱情让她非常难过。

　　朋友给我讲了文清的故事后，问我有什么建议，我说，挺难改变，毕竟她已经快 40 岁了，但也不是没有机会，如果她愿意先把恋爱放在一边，找一个可靠的心理咨询师做一个长程咨询，把造成她当前困扰的心理问题进行系统的改善，一切才会有转机。

觉察·感悟·行动

1. 你是一个在恋爱中特别在乎激情和感觉的人吗？

2. 了解了多巴胺在爱情中的作用，你有怎样的感想？

3. 斯滕伯格的"爱情三角理论"是什么？你曾经或现在的恋情是哪一种？

4. 你打算怎样为爱情保鲜？

徐姐你好！

　　我大学毕业4年多了，我的苦恼不是谈恋爱的苦恼，而是没恋爱可谈的苦恼，自从大三和当时的男朋友分手后，至今再没谈过恋爱，说起来没人信，可现实就这么残酷。

　　我的条件真的不差，朋友们都这么说，她们替我不平，但也说不出为什么。

　　现在我做着一份挺喜欢的工作，收入在同龄人中算很高的，我身高1.67米，不胖不瘦，相貌中上，性格不错，怎么看也不会没人追，但大学毕业后，除了第一年有个特别看不上眼的男人对我表示了点意思，再没有别的男人追过我。

　　我为此偷偷郁闷过好久，也找闺蜜们帮我分析，甚至去找过算命的，但都没有找到答案。

　　现在家里人给我介绍了一个，我不是很喜欢，但单身这么久没人追，我也不敢嘴硬了，不得不按照家里人的意思处处看，但我其实特别不甘心，也挺为自己委屈，甚至觉得我是不是命不好，情绪挺低落。

　　徐姐，您遇到过和我类似的女孩吗？她们是怎么处理的？

　　盼回复。

@情缘未到在线等

第 17 课
你这么好，怎么没人追?

01

　　向我抱怨没恋爱可谈、没男人追的女孩子简直不要太多，所以，@情缘未到在线等真的不是"一个人在战斗"，有相同苦恼的女孩子会感谢你大胆地替她们问出了这个不好启齿的问题："我这么优秀，怎么没人追啊?"

　　"是男人都眼'瞎'了吗? 是自己太优秀把他们吓到了吗? 是缘分没到命里桃花还没开，还是，自己做错了什么得罪了月老、丘比特?"我相信这些女孩心里一定有过这样的问话。

　　在网上搜"女孩为什么没人追"，你会发现各路"神仙"给出的答案五花八门，有的甚至大相径庭。比如：长得太漂亮或长得太普通，性格太强势或性格太内向，打扮太妖艳或太不爱打扮，能力太出众或没什么亮点，等等。看得人云里雾里，无所适从。

最误导女孩子的是这些不知从哪里蹦出来的"神仙"都在文章里或帖子里坚定地表达出同一个观点，那就是：没人追是"缺陷"，是"缺乏吸引力"，一定是你自己有问题。

如果搜"男孩为什么没人追"，几乎没什么结果，只有一个男生发出了这个提问，别人给他的回答竟然是："你个大男人，怎么不去追女生？"

看出端倪了吗？"女孩为什么没人追"是一个含有性别歧视的问题，似乎女孩子获得爱情的唯一正道必须是被男人追。

我想，这是男权文化下的集体潜意识，女孩子们自己也被"洗脑"了，所以，才会格外纠结于"有没有人追"这样的傻问题。

如果，@情缘未到在线等和其他女孩子不能把焦点转移到真正有建设性的问题上，就会长时间被错误的认知所困扰。

与其纠缠于"我怎么没有人追"，不如思考下面几个问题：

1.我为什么需要男人追？有男人追能为我带来什么？

我希望谁来追我？被不喜欢的人追有什么意义？

2.我想要的是"有人追"还是"遇到心仪的人"？

"有人追"和"遇到心仪的人"是一回事吗？

如果没有人追，是否就不会遇到心仪的人？

3.我确定地知道自己喜欢什么样的人吗？

如果我是那个人，我会喜欢现在的"我"吗？

回答完这几个问题，你是不是感觉自己以前搞错了思考方向，是不是可以从之前对"为什么没有人追"这个问题的苦恼和郁闷中透口气，把目标集中在真正的焦点上？

比如，"我希望谁来追我？"

他是一个具体的人吗？如果是，为什么你没有主动暗示他或是直接追求他？如果他是一个虚幻的人，他是怎样的？你认为在生活中遇到这样的人概率大不大？

比如，"如果我是那个人，我会喜欢现在的'我'吗？"

无论这个人是真实的还是虚幻的，假想一下，他会不会喜欢你？你有没有想过为他改变？如果有，你准备做什么？

这样的思考会帮助你聚焦于自己，而不再困惑于"是否有人追"之类的问题。

02

根据我对很多女孩子的访谈、了解，可以确定的是，绝大部分纠结于"我为什么没有人追"的女孩子，她们的目标并不是"有人追"，而是"遇到那个人"，遇到那个可以谈一场恋爱甚至可以携手一生的人。

既然我们真正的目标是遇到那个对的人，就必须要思考一下，怎样才能达成心愿。

理性地分析，要想遇到那个人，无外乎三种可能：第一种，他主动找你；第二种，你主动找他；第三种，中间人或中介机构介绍。这三种方法根本没有高低贵贱之分，就像我一再强调的，相识的方式不重要，相处的方式才重要。

非得等男人追自己，就是把第二种第三种方法都舍弃了，实在没这个必要吧？难道只有被男人追的爱情才纯粹才高级，自己追的或者朋友介绍的、婚恋网站认识的，都不会得到幸福吗？

有这个迷思的女生为数不少，也许是言情小说看多了，或者觉得被男人追求特别有成就感，她们忽略了真正需要的是什么。

很多年前，我的一个朋友给他公司的一个女同事介绍了他的大学同学，特别优秀帅气的一个男生，女同事很喜欢，两个人很快确定恋爱关系，但是，那女孩却突然对我这位朋友不理不睬，而且，每逢别人问她和男朋友怎么认识的，她就编造出一个故事，说在一次画展上和男生偶遇，男生被她的气质吸引，就开始追求她，等等。

我这位朋友听说后哭笑不得，他给我们讲述这件事时半开玩笑地说："我觉得这姑娘杀了我的心都有，为了让她的谎言不被拆穿，她很有可能会把我灭口，到时候你们可要为我作证啊！"

玩笑归玩笑，这位可怜的"月老"没有被灭口，那姑娘的恋情却很快终结了，不知道和她刻意编造浪漫故事有没有关系，总之，这么虚荣的女孩子在恋爱中也会本性难改吧？

我和我先生当年就不是他追我，而是我追他，我看出他喜欢我，而我也喜欢他，等来等去他没动静，我就只好采取主动了。我曾经问他为啥不追我，他说："我追了啊，我不是经常给你打电话吗？有一次还请你吃过桥米线。"这就是他这样的朴实男人认为的很明显的追求信号了，只因为他从来没有对其他女孩做过这样的事，幸亏我没有被动地等待，不然真要错过一桩好姻缘。

我的一位闺密和她丈夫是朋友眼里的神仙眷属，郎才女貌十分般配，大家以为他们的相识应该是言情小说那种桥段，谁知他俩是相亲认识的。两个人被家长催着不情不愿去相亲，没想到第一眼就互相看上了，在相亲现场一见钟情，不也挺浪漫？如今，两个人恩爱如初，孩子都上初中了。

所以，被男人追没什么不好，但是，女孩子要明白，遇到爱情走向幸福的路不止一条。

03

不可否认，有些女孩对于很少被异性表示好感，总是不能释怀，抛开网上那些"假专家"不知所云的分析，这些女孩子还是很想知道如何才能拥有比较好的异性缘。

我们不妨听听英国恋爱专家马修·胡西（Matthew Hussey）怎么说。

马修在他专为女士开设的恋爱课上为很多女性解开了"自己为什么没人追"的谜团，他说，只有很少数的男生会去追求他们喜欢的女生，另外有一部分男生甚至绝不会主动接触任何女生，而大部分男生都在观望，等待合适的时机，才敢有所表示。

马修在课堂上说，这些男生被三个问题挡住了：

我该干什么？

我该怎么做？

我该何时做？

明白了吧？女人们以为在爱情上男人应该更老练、更从容、更勇敢，其实，一点也不，你在等他表白，而他在等待时机。

好多女生不愿意主动向男人示好，是因为她们固执地认为"如果那个男生连接近我的勇气都没有，他绝对不是我想要的人"，这种想法实际上是对男性求偶心理的误读。事实上，男人并不比女人更笃定，他们中的大多数需要女人的暗示、鼓励才有勇气开口，如果觉得时机不成熟，他们会等待甚至撤退。

马修告诫女生，男生们会把很多状况看作障碍，比如，心仪的女生总是和一大帮朋友在一起玩耍，或者她工作忙碌、走路带风，一边走一边接电话，或者她身边常有男性好友陪伴，等等。这些会让他们望而却步，根本不敢上前。

没想到男人们是如此胆怯吧？

所以，女生在明白男生的这些心理之后，是不是要做些什么帮助他们更有勇气走到你面前呢？最好的方法是让他们感觉时机到了，障碍不大，这样，他们就会主动靠近你。

那些看起来异性缘比较好，时不时有男生示好的女生，就是有意无意间释放了"我不难追"的信号，她们会用服饰、发型、妆容、表情以及言谈举止，呈现出一种让大多数男生感觉没有追求障碍的状态。

亚洲男性对女性的独特审美让近年来流行一种"好嫁风"，这个词源于日本，用比较通俗的说法就是，女孩子在比较年轻的时候，要通过外貌和举止塑造一种"好嫁"形象，这样就更容易把自己嫁出去，并且嫁一个条件不错的男人。

所谓"好嫁风"的穿衣特点是运用冰激凌色、毛球和蝴蝶结

来凸显女性的温柔清纯。以下是这种风格的几个主要特征:

1. 重点展现腿部和手臂线条,为了不显得低俗,胸部应该遮严实;

2. 通常以更温柔的深棕色代替乌黑的发色;

3. 首饰和其他饰品要小巧精致,形状不能太夸张古怪;

4. 相比于大红色的口红,豆沙色是更好的选择;

5. 除了服装和打扮,"好嫁风"的女孩子讲话要温柔,笑起来要可爱。

日本女演员石原里美在电视剧《失恋巧克力职人》中的造型被网友视为"好嫁风"的代表。

"好嫁风"的精髓就是不要让男人觉得有攻击性,要从头到脚传递出"我很漂亮,温柔清纯,也很好相处"的信息,这与传统亚洲文化中"好女子"的价值观相符。

04

曾经在中国文化中流传很久的"女为悦己者容"和"好嫁风"的思想根基一脉相承，但是，有人觉得这种思想已经过时了，所以，好嫁风是在"矮化女性"。

时尚博主陈苍苍在豆瓣网上发表了一篇名为《追求好嫁风，是我能想到最土最俗的事情》的文章，她说，独立女性不会把婚姻作为人生中唯一重要的事情，她不会为了嫁人而打扮自己。如今，只有无知者才会相信对于女人来说婚姻比工作更重要。

许多女性无法认同这种粉粉嫩嫩的造型，以及靠穿衣风格讨异性欢心的动机。有网友称："我宁肯嫁不出去也不想穿'好嫁风'。"但也有人提出了质疑："不要看不起按男性审美穿衣的做法，男人和女人都要为他们爱的人打扮自己，讨对方欢心，这没什么不对啊！"

作为多年从事婚恋课程的老师，我觉得，如果一个女人有资格和底气不把婚姻当作人生最重要的事，或者，有能力和气场像电视剧里的大女主一样，既畅快淋漓地做自己，又被很多男人爱慕，那是再好不过的，但是，对于大多数平凡的女孩子，我们不能说她们把嫁得好当作人生目标就有多么地不堪。

在中国乃至亚洲，女生想让男生看起来阳刚成熟，男生想要女生看起来清纯甜美，都算是文化背景下的合理期待吧！只是，现实的复杂性在于，看起来的阳刚成熟和看起来的清纯甜美，有的时候可能表里不一，那个把程序员丈夫逼得跳楼自杀的翟某某女生，在社交媒体上展示的就是一派粉红、浅蓝"好嫁风"，而不少玩弄感情的负心汉看起来也并不猥琐讨厌。

回到现实中来，如果你根本不在乎有没有男人追，不希望被不喜欢的男生搅扰，大可不必顾及他们的小心思；如果你愿意有更多的机会结识男性，就不得不在这方面多做一些了解。

以下几个小贴士也许有用：

1. 不要故意不回或迟回对方信息，以显得自己高冷，热情大方总没错；

2. 不要在朋友圈刻意展示很"贵"的高大上生活，秀包包秀口红秀高级美食，除了会吓跑不够富贵的普通男青年，也会显得自己缺乏真正的品位，让精英男士敬而远之；

3. 别跟风去故意发表蔑视男性的言论，显得自己很女权，除非你就是这样的人，男人的看法你睬都不睬；

4. 面带笑容会让任何人都舒服，幽默、风趣就更吸引人；

5. 别吹嘘自己被很多人追求，也别故意显摆自己情史丰富；

6.和别人（任何人，也包括男人）说话时，眼睛看着对方，认真听，即使没兴趣也别一脸不耐烦；

7.学会赞美人，夸人能夸到点上是一种本事（无论夸男人还是夸女人），而男人对夸他的女人会特别对待，这已经是公开的秘密；

8.约他见面或者出去玩，不一定是约会——路过他楼下喊他下来一起喝杯奶茶，约着一起看个车展，你有心就要表露出来。

至于服饰打扮风格，我真心觉得还是看个人适合，肤色黑还是别穿粉色、浅蓝等马卡龙色，没有长发气质还不如梳短发更清爽，郭采洁、高圆圆短发照样是女神啊！而且，个性和攻击性不是一回事，有个性的女孩怎么会没人喜欢？

所以，我更喜欢李宇春这句话——"女生最美的时刻，就是不被定义的时刻"。

案例分享

❤

于飞在房地产公司做销售，整天见不同的客户，做得久了，于飞对自己的未来不由得生出很多担心，她觉得以自己的收入，将来结婚买房都很困难，于是想通过婚姻改变命运。

原本一头干练短发的她留起了长发，还学了化妆，下班后就换上长裙，说话风格也变了许多，整天和几个闺密探讨用什么口红色号和穿什么颜色更显白显纯。她的改变真的吸引了几个男人，但并不是她喜欢的类型，全是她所说的"直男"，她根本没兴趣和他们开始。于是，她又陷入困惑，用她的话来说，就是："我不是想吸引男人，而是想吸引我喜欢的男人。"

于飞是我一个朋友的表妹，所以，一次喝下午茶时，她告诉了我她的困惑。我问："那你喜欢什么样的男人呢？"她说："有独立思想，有个性，爱看书，穿白衬衫很有型，头发干净整齐，说话办事都特别可靠。"我笑了："这么具体？你遇到过这样的人吗？"小姑娘害羞了，告诉我就是她的一个男同事。

我问她："你改变造型后他怎么说？"她笑着说："我们平时处得像哥们儿，他说我留长发特假，整天笑话我。"我更直接一些，问她："你是担心他不喜欢你，还是嫌他不是很成功很有钱？"

于飞承认两者都有，我提醒她，弄清自己要什么比打扮得"好嫁""有女人味"要难得多，认真想清楚你要过什么样的生活，然后为此而努力，你就会吸引来真正欣赏你的人。而且，喜欢一个人，就要让他知道，他不接受你又能损失什么？

后来，于飞又变回了原来的短发，不再好高骛远想嫁有钱人，工作积极，业绩突飞猛进，对那个男同事格外关心，经常给他带好吃的，他感冒就帮他买药。有一次，她约他下班后去吃火锅，小伙子终于向她表白了。

觉察·感悟·行动

1.你觉得被很多男人追开心，还是遇到心仪的男人开心？

2.你愿意主动降低男人追求你的难度吗？ 如果你愿意，应该怎样
做呢？

3.你如何看待所谓的"好嫁风"？

徐老师：

　　我和男朋友好了半年多了，我们之间感情还不错，现在我遇到了一件挺让我困扰的事，男朋友几次提出想和我发生身体关系，我觉得自己没有准备好，就拒绝了他，他好像很生气，再也不理我了。

　　我不知道该怎么办，如果我还想继续这段感情，就要被迫同意他的要求，不然，就只能分手了。我有点不愿意和他分开，但是，在这种情况下勉强自己和他发生关系，也让我觉得很痛苦。

　　我不知道其他女生怎么处理这样的难题，我自己挺害怕男生在这方面给我压力，另一方面，我也担心如果我坚持不配合男生的要求，是不是就很难把恋爱谈下去？有的时候，我喜欢一个男生，喜欢和他在一起，喜欢和他聊天、吃饭、看电影，却没有准备好发生进一步的关系，这会让男生误会我吗？觉得我不喜欢他，或者觉得我假清高？

　　我很困惑，有闺蜜说我何必那么认真，既然喜欢他，就同意他的要求，还说男人都这样，说我如果这么古板以后也很难找到男朋友。

　　徐老师，真的是这样吗？如果再遇到这种情况，我该怎么做？

@花花看世界

第 18 课
别用身体讨好男人

01

　　男女相爱，肌肤之亲是水到渠成的表达，牵手、拥抱、亲吻，这些含有爱意的身体接触可以使两个人的感情更深厚。

　　但是，比这些更进一步的性关系，对于恋爱中的男女，似乎常常出现要求不同步的现象。由于男女双方身体及心理等各方面的差异，男生几乎都是性爱的主动提出者，他们更不忌讳表达性方面的需求，而女生则往往处于被动，无论迎合还是拒绝，女生都需要想清楚为什么。

　　@花花看世界暂时没打算和男朋友发生身体关系，男朋友因此想和她分手，这样的情形让她产生了困惑。

　　为什么男生想要女生不想要，男生就不高兴，女生却要为此自责呢？不是说"食色性也"吗，性欲如果真的如同食欲，那么，你饿了我没饿，你想吃我不想吃，为什么就不可以呢？

我知道现在早已不是谈性色变的年代，但是，我仍然坚持我的观点，那就是，在这件事上，女生一定要三思后行。

无论科技发展到什么程度，只要男人女人的生理结构没有改变，女人会怀孕而男人不会，在这件事上女生就不得不慎之又慎。且不说什么道德压力，就算时代开明，怀孕仍然是会对女性的身体、心灵带来深刻影响的重大事件。

那么，在这样的前提下，女性出于对自我的保护意识，首先就应该把和异性发生性行为这件事当作一件需要谨慎对待的大事，不管她是已婚还是未婚。

对于未婚女孩子，自己不情愿时绝不要和男生发生关系，应该是并不过时的规劝吧。

这不是对女孩子的约束，而是她们应该享有的权利，尽管我很遗憾地发现，90后女孩看起来什么话都敢说，女权风气浓郁，仍然有相当多的姑娘不敢坚守底线，轻而易举地让渡了权利。

@花花看世界因为拒绝了男朋友的性要求就被冷暴力，她的闺密们却劝她屈从，还说如果总这样，以后也找不到男朋友。

不得不说，@花花看世界的遭遇绝不是个案，不仅急吼吼想和女朋友发生关系的男生会觉得自己作为男朋友享有必须被满足的特权，就连许多女孩子自己，也觉得违背自身意愿去满足男朋友是她们的义务，不这样，就会受到"找不到男朋友"的惩罚，因为"男人都这样"啊！

看来，女性解放的路还任重道远啊！

02

为什么有些女生特别害怕惹男朋友生气？为什么她们会在不情愿的情况下做出许多违背内心的事？不只是被动发生性关系，还包括被迫疏远朋友，被迫辞掉喜欢的工作，被迫改变穿衣风格，等等。

做违心的事有两个目的：第一；是讨好，第二，是当筹码。

首先，女孩子在不情愿的情况下和男朋友发生性关系，是用身体在讨好，希望对方可以更喜欢自己，害怕对方被拒绝后不开心。

而所有的讨好归根结底是因为胆怯和自卑，是无意识地把对方置于更高一等的心理位置，以至于认为自己的意愿不如他人的意愿更值得尊重，自己的感受必须让位于他人的感受。

这样做的女孩子不知道，讨好换来的"好"不是真的好，而是一种委曲求全的置换，而且，一个真正爱你而且人格成熟、三观正的男孩子根本不需要你用讨好来迎合。

其次，有些女孩子在男朋友提出性要求后，也有一些自己的小心思，那就是借着身体关系可以"拴"住对方。

虽然，她们对性本身没有意愿，但一想到这种事可以当作绑定两人关系的筹码，成为对方不敢轻易说分手的"要挟"，就糊里糊涂地答应了。

无论出于哪种目的，当性行为被异化成讨好或筹码，一对恋人的关系就已经变质了，这件事之后，他们无论是为分手闹出很多狗血剧情，还是勉强进入婚姻后不断重复要挟与反要挟的博弈战，就一点都不奇怪了。

不得不说，有些男生对女朋友提出性要求，既不是出于爱，也不仅仅是出于生理需要，很大一部分是心理需要，是为了满足自己权力与征服的心理快感，是为了在和其他男性攀比时不会落了下风，甚至有些品行不端的男生把这样的事说成是为了"把生米做成熟饭"。

所以，女孩子在面对男朋友的性要求时，不要那么紧张，不要害怕拒绝会导致他不快。也许，他就是在试探你的底线，身体的底线和权利的底线，你若轻而易举地失去底线，他们在暂时的满足后，要么很快心生厌倦，要么从心里看轻你的"没底线"。

其实，男朋友提出性要求是一件可以检测两人关系实质和男生人品的绝佳机会。女生拒绝之后，仍然保持原来的态度和温度的男生，一定是真正看重这段关系并且也尊重女孩子意愿的优质男生，那些被拒绝就翻脸，要么摆出一副受挫很深的可怜样，要么扬言要分手的家伙们，还不趁这个机会让他们有多远滚多远，难道还留着过年吗？

03

　　讨好行为的背后是女孩子对于恋情的不自信，对于关系的不自信，这种不自信并不是进入这段感情之后才开始的，很有可能是从原生家庭的关系模式中带出来的"旧伤"。

　　我认识一位长相乖巧、性格温顺的女孩，她的男朋友却粗鲁、浅薄，周围人都觉得他配不上这个女孩。但是，在他们的关系中，女孩却一直战战兢兢，生怕对方"甩了"她。所以，男生不喜欢的事，她一样也不敢做，对男生的无理要求却无底线地满足。

　　后来我了解到，这位女生有一个弟弟，在家里极为受宠，父母的关注力全在这个被邻居朋友描述为"非常浑"的弟弟身上，弟弟做什么出格的事都不会被责怪，女孩犯一点错就会被骂。从小到大，这个姑娘一直小心翼翼，不断地用委曲求全来换取父母的爱，不断地用讨好父母甚至讨好弟弟来保全在家里的一点地位。

　　很吊诡的是，这个女孩的男朋友简直就是她弟弟的"社会版"，蛮横、自私，不顾及他人感受，既自大又自卑，女孩却在自己都不能理解的某种潜意识的驱使下，选择了这样的人，进入了一种熟悉又糟糕的相处模式。

短短几年，女孩为这个男朋友做过 3 次流产，这个男人不仅不顾女孩子的感受，而且常常不采取任何措施，导致她的身体受到很大的伤害。

当然，这个姑娘的例子有些极端，但是，在原生家庭没有被好好对待，对于自身价值不确定，没有强大内心的女生，用身体讨好男人的可能性实在太大了。心理学研究表明，低自尊的女生容易被男人诱惑，她们会让男人感觉更"容易得手"，不一定是和男朋友，她们甚至会和陌生人发生"一夜情"。

有些女孩傻乎乎地觉得这是自己唯一的本钱，这是自己唯一能用来和男人交换爱和关怀的东西，所以，一旦男朋友提出要求，根本没想过拒绝。

在这种心理的支配下，有些女孩甚至对那些想保持暧昧性关系的"坏男人"都不敢拒绝。

一位女孩向我讲述她和一位已婚男人的情感纠缠，她说，她明知对方没有离婚打算，但就是心存幻想，每次当男人在酒店开好房邀请她时，她都没有勇气拒绝。

她告诉我，一方面，她很沉醉于这个男人给她的柔情蜜意，也很享受他"需要"她的感觉；另一方面，她觉得只要不拒绝他的这种要求，就有可能在未来的某一天，和他修成正果。

一来二去，大好的青春年华被怀着讨好和侥幸心理的"偷情"搞得不伦不类，她想要的光明未来似乎永远不会出现。

04

　　处于恋情中的女孩子，何时发生性关系不是问题，关键在于你是否心甘情愿。

　　对于身体的自主权，你如果在恋爱阶段就拱手相让，那么，你的人生自主权很快就不在你手里了。

　　所以，面对男朋友的性要求，女孩子不要慌张，在决定是否答应他之前，先问自己几个问题：

　　第一，这是他的需求，还是你们共同的需求？

　　第二，你们的恋情是否已经发展到了这一步？现在做这件事是否符合你的心理节奏？

　　第三，他提出这样的要求，你的第一反应是喜悦的，还是紧张甚至是不爽的？

　　答案如果是：这是他的需求而非你的需求，你不认为你们的关系已经发展到这一步，他提出这样的需求让你感到为难。那么，接下来要做的就是如何拒绝以及拒绝之后观察他的反应。

首先，我们要承认，在生理需求上很多时候男女不同步，也许发出性邀请的男朋友是情之所至，并不是想"占便宜"，所以，拒绝的表达原则应该是让他明白，你拒绝的是这个时候做这件事，而不是在拒绝他这个人，也不是永远都拒绝这件事。

女孩子可以这样表述："亲爱的，我很喜欢和你在一起，也希望和你发展长远的关系，我也知道你是真心喜欢我，但是，目前我对那件事还没有做好准备，也没有这方面的需要，希望你能理解。你一定也不想勉强我，对吧？也许，过一段时间咱俩就同步了，那个时候再做，岂不更好？"

表达拒绝的最佳态度是"温柔的坚定"，既不要嘲讽对方的需求，也不要含含糊糊，让对方误以为你是在"欲擒故纵"，或者想趁机提一些附加条件，你的表达越成熟，越明确，对方就越不会误解你。

清晰地表明自己的态度之后，就需要观察男朋友的反应了，要允许人家流露出失望甚至一丝丝沮丧，毕竟，有些男生没那么成熟，会把对这种事的拒绝当作对他这个人的拒绝，但是，那是他自己需要消化的情绪，也是他需要成长的部分，你无须内疚抱歉，也不用表现得格外小心翼翼。

如果，这个男生的反应是仿佛受了多大的伤害，扬言"看来你不爱我，我们只好分手"，或者口出恶言攻击你，其实，你应该感到庆幸，庆幸你在恋爱早期就看出这个男生的本性，这比你和他发生关系之后或者结婚以后才看清，成本小得多啊！

不得不承认，弄清自己的真正需要，懂得把握自己的心理节奏，在恋情中始终做一个平等的共享者，而不是被动的追随者，是女生能够不慌不忙、有礼有节地拒绝男朋友过早的性要求，以及其他各种无理要求的根本前提。

请女孩子们一定记住，你是你身体的唯一主人，做什么、不做什么，什么时候做、什么时候不做，你是唯一享有完全权利的那个人。无论你多么爱对方，无论对方多么爱你，说 Yes 或 No 的权利也完全在你。

案例分享

———— ❤ ————

宝琪和男朋友秦刚谈了 3 年恋爱后结婚，看起来是水到渠成，实际上秦刚几次反悔，都是宝琪用身体挽回的。

恋爱不到半年，秦刚就提出性要求，宝琪虽然感觉有点早，对秦刚基本上还不太了解，但是，在秦刚的一再坚持下，就同意了。

之后，他们的恋情进行得并不顺利，秦刚没什么大本事，有点小聪明，经常挑剔宝琪不会打扮、不会说话，宝琪竟然都默认了。

宝琪特别害怕失去这段关系，她妈妈总是告诫她一旦"剩下"嫁不出去，这辈子就多么多么可怜，所以，宝琪未必多么爱秦刚，但她格外看重自己是"有人要的"，是有男朋友的，是能够嫁得出去的。

秦刚的小聪明让他看穿了宝琪比他更在乎这段关系，所以，越发有恃无恐，稍不如意就闹分手。

每次分手时，宝琪就拼命挽留，甚至有几次都是用主动提出"再做最后一次"来诱惑秦刚，本来秦刚也找不到比宝琪更好的女孩，他也就顺势和宝琪和好了。

宝琪对秦刚的讨好不仅是用身体，她还不断地给秦刚钱，任由他去投资一些不靠谱的项目，她的好脾气也是讨好的手段，目的就是千方百计留住这个男人，然后嫁给他。

结婚后，秦刚没有收敛，工作事业发展一般，回家后火气还很大，宝琪一如既往地忍了。

直到秦刚出轨，那个女人把电话打到他们家，宝琪才意识到发生了什么。秦刚说是玩玩，没有动真情，也并不打算离婚，宝琪就很快原谅了他。

本来秦刚被发现出轨后是有些慌张的，但是，他承认出轨后的第三天，宝琪就同意了他晚上的性要求。

宝琪和我讲这段往事时，我问她："为什么那么快就能在身体上接受一个背叛的男人？"

宝琪说："反正我也没打算离婚，而且，如果我不答应他，他不就更会去找别人了吗？"

宝琪无原则的退让、讨好，没有换回秦刚的悔过自新，他从此之后不断地和不同的女人玩暧昧，似乎有恃无恐。

宝琪向我求助竟然是因为秦刚想离婚而她不想离，希望从我这里找到办法。

我真的觉得悲哀，这个女人妥协到没有底线，讨好到没有尊严，仍然没有保住她看得比一切都重要的婚姻。

我告诉她，挽回这样的男人，我帮不了她。她就再也没找过我。

觉察·感悟·行动

1.恋爱中，男生提出性要求仅仅是因为生理需要吗?

2.你从本课中学会如何巧妙地拒绝男朋友的性要求了吗?

3.什么前提下，你会心甘情愿地和男朋友发生性关系?

女人懂男人，才能选到对的人，躲开错的人。

以己度人是每个人都会犯的认知错误，爱侣纷争很多时候是因为对两性差异的不了解，把异性身上的特点当作缺陷，以至于冲突不断。

了解男人不容易。有的想法，他们的确想隐瞒；有的想法，他们可能自己也不明白。

多沟通，可以增加对这个人的了解；多学习，才可以对男性这个群体有更透彻的把握。

男人和女人一样，不仅有社会属性，也有生物属性，遗传和文化塑造出不同的两性特点。两性之间有竞争，也有合作。女性对男性群体了解越多，越能够理解他们由性别带来的心理特征和行为轨迹。接受了这些差异，才能更好地和他们相处。

男性是自大的，也是软弱的；是勇敢的，也是势利的。女性何尝不是如此？歧视女性是可耻的，贬低男性也是可笑的。

两性的合作自有人类就开始了，以后也还会继续下去，男人女人彼此需要，这是合作的基础。

爱情和婚姻都是男女合作的产物，彼此越了解，合作越愉快。

嫁人不能靠运气

24 COURSES OF LOVE
AND GROWTH FOR GOOD GIRLS

好女孩的
24堂
恋爱成长课

第四章

珍 惜 有 缘 人 —— 懂 男 人

CHAPTER 4

徐老师：

　　您好！

　　我今年快30岁了，研究生毕业，谈过几次恋爱，虽然时间都不长，我觉得自己应该对男性有一些了解了，然而并没有。

　　因为我的学历，好几个相亲的男生竟然"不满意"，我很气愤，我没有嫌弃他们学历低，他们竟然嫌弃我学历高？这是哪门子歪理邪说？我不过是个研究生，如果我今后再去读个博士，难道就嫁不出去了吗？时代发展到今天，男人的心理怎么还在清朝啊？

　　还有，初恋之后的几次恋爱，我不想隐瞒之前的感情，没想到他们都挺在乎，总爱拐弯抹角地问什么"你们的关系发展到哪一步"之类的蠢问题，不就是想知道我还是不是处女吗？我忍受不了男人的这种猥琐心理。

　　我现在的困惑是我根本不理解男性的好多想法和行为，我觉得他们猥琐、自私、心胸狭窄。因为对男人的失望，我不知道还该不该开始一段恋爱，如果男人都是这个"德行"，我对爱情真的太失望了。

　　徐老师，是我没有遇到好男人，还是男人基本上都这样？

　　我这样的心理还有可能得到爱情吗？

　　　　　　　　　　　　　　　　　　　　　@苦恼的加菲猫

第 19 课
男人都是"胆小鬼"

01

很多女孩子在恋爱中常犯的错误是,一方面高喊两性平等,另一方面又不由自主高看男性,同时,因为男性满足不了她们过高的期待,从而产生失落甚至怨恨。

@苦恼的加菲猫可能从她的几任男朋友身上看到了男性身上的很多弱点,所以,对整个男性群体都产生了失望情绪,这很正常。关键是,失望之后怎么办?是因此不再相信爱情,还是愿意对真实的男性多做一些了解?

女性的确应该对真实的男性——不是想象中的男性,也不是文艺作品中被美化的男性——进行更多的了解。这样的了解虽然可能会造成一些幻想破灭,但比起对男性长时间的误读,更有利于发展两性之间真实的关系。

男性有很多让女性不解甚至不齿的心理或行为，女性把这些归咎于他们的大男子主义，其实，未必是这样。

我们来看 @ 苦恼的加菲猫在信中提到的这两个被许多女性诟病的男人心理：

　　1. 处女情结；
　　2. 不喜欢比他优秀的女性。

女生如果看到自己男朋友身上有这些"毛病"，常常会"气不打一处来"，觉得自己运气不好，怎么找了一个"不像男人"的男人？

其实，某种程度上说，这样的男人才是最像男人的男人。这两种心理其实是男性普遍存在的心理。

男生为什么那么在乎女朋友是不是处女？因为他们胆小啊！

尽管很多男人现在已经不敢公开承认自己有"处女情结"，实际上，在乎女朋友是不是处女的男人比女人想象的要多。

"男人之所以向往处女，实际上隐含着男人对于性爱的不安。担心对方若不是处女也就是同其他男人有过性关系，她与前男友的性体验很可能深深地印刻在身上。任何一个男人都无法忍受女方在性方面将其与以前的男人做比较，因为这有可能导致男人对性爱失去自信。"日本作家、前医学院教授渡边淳一在他的《男人这东西》里如此描述男人的"处女情结"。

了解男人的"处女情结"是源自害怕被别的男人比下去的胆

怯，是不是能让女生的情绪从不解和愤怒转化为同情、怜悯？原来，看起来挑三拣四的大男子主义嘴脸下，藏着害怕被比输了的怯懦。

同时，进化心理学还告诉我们，男性不像女性可以百分百确定孩子是自己的，所以，对于女性的身体忠贞更在意，处女情结也是源于这种心理。

这些是不是能让女性对男性的"处女情结"多几分理解甚至同情？

另外，男人为什么那么在乎"男强女弱"？因为他们胆小啊！

大多数男人不愿同工作出色、能力胜过自己或者学历高过自己的女人交往，因为他们总希望自己是同类中最强的，尤其是在伴侣面前，如果女生因为先天条件或后天努力而在很多方面都占上风，他们便会有一种强烈的挫折感。

另外，他们还有更加不可告人的小心思，比自己强太多的女性在社会上势必会与其他男人接触广泛，接触到优秀男人的机会也很多，会不会将自己与他们进行比较？这类担心会令男人时常处在一种危机感中。与其担惊受怕，不如离这些厉害女人远点。

看穿男人在面对比自己更优秀的女生时的胆怯和不自信，会让女生把指责和怨恨变成同情和谅解。在这个前提下，万一你的男朋友是这样的"胆小鬼"，你才能更有智慧地和他相处。

02

德国作家迪特里希·施万尼茨在他的著作《男人》一书里指出：

"野蛮是男人的天性，文明与彬彬有礼是在女人驯养下后天培养出来的；男人对自己是否具有十足的男子气概始终信心不足；为了显示自己的男子气概，掩饰脆弱的自我，男人隐藏、忽视内心的感受；性是男人脆弱最大的暴露场所，无从伪装。"

渡边淳一也说："男人是不自信而且敏感的；现代都市的生活弱化了男人的男性特征。"

了解这些男性普遍存在的心理特征也许会让女性产生幻灭感，但是，我不觉得男人应该为女性的这种幻灭感负责，而且，产生幻灭感并不一定是坏事，它可以帮助女性更好地了解真正的男性，而不是一直对他们充满不切实际的期待。

也许，对男性的误读不仅来自文艺作品的误导，也来自女性潜意识里对男性性别的仰慕。如果，女性从根本上改变认知，把男性看作和自己完全平等的、并没有什么优越性的人，就会比较容易接受他们的软弱、自私、胆怯，这些品性本来就是人类共同的，不分男人女人。

女性的软弱可以表现为想找一个更强大的伴侣，男性的软弱为什么不可以表现为想找一个没自己优秀的伴侣？女性当然不希望自己的男朋友情史丰富，男性有类似的想法是不是也情有可原？

大度还是自私，自信还是胆怯，不是想当然的性别特征，男人怎么就不会自私胆怯？女人怎么就不能大度自信？如何战胜自己的软弱，成长为更好的自己，是男人女人共同的课题。

所以，察觉自己对男性性别优势的错误预估，就可以慢慢地降低对男性不合理的期待，既会对他们充满理解，也会把让自己幸福的任务放在自己肩上，两性关系会变得不那么剑拔弩张甚至水火不容，而男性在被女性发现"真面目"之后还能被接纳，他们反而会有动力成长为和女性共同进步的好伴侣。

03

　　面对男朋友出于胆怯、不自信而生发出的"处女情结"，以及害怕伴侣强过自己的"小心思"，女性在充分了解这是大部分男性的普遍心理后，就不会那么火冒三丈，觉得自己遇到了罕见的奇葩。

　　当然，遇到这样的男朋友是完全可以提出分手的，只不过，按照男性心理专家的说法，不在乎伴侣性经历、不在乎伴侣能力超过自己的男性数量并不多，这个悲观的结论是不是让人感觉女性必须守身如玉，并且能力不要超过男人？

　　其实不然。

　　如果，女生在看清男性也是软弱胆怯的事实后，能够进一步对有这种心理的男朋友产生怜悯和理解这样更高层次的情感，她们就会有非常高超的智慧和技巧妥善处理和应对男人的这种不自信。

如何应对男性的"处女情结"？

　　明知男性普遍都有"忠贞偏好"，就没必要不分青红皂白有一说一，非把自己以前的经历"坦白"一番。有时候，打打"太极拳"，顾左右而言他，避重就轻，是对自己的保护，也是对男朋友脆弱的"小心脏"的保护。

女生不要觉得这样做就是欺骗了他，或者，傻乎乎地认为"他既然爱我就不会计较"，甚至觉得"我告诉他实情，他才会原谅我"，所有这些想法完全是因为不了解男性心理。

要知道，男性对这种事的计较和"爱不爱你"没关系，是他的性别基因决定的，也和他的成长背景以及人格成熟度有关，这些几乎是无法改变的；而且，和旧爱的交往经历不需要祈求任何人原谅，也不需要向任何人坦白，这是每个人的私生活，包括男性女性。

所以，与其责怪男性的"处女情结"老土可笑，不如接纳他们的基因特点和不够自信，用更圆融更聪明的方法应对。

当然，你若觉得"老娘就这样"，因而决定和盘托出，甚至以情史丰富表示自己曾被很多人爱过，所以魅力四射，想让现男友毫无芥蒂地接纳，并且对你仰慕并呵护，也是一种选择。有人真这样做了，而且遇到了内心特别强大的男朋友，那岂不是太爽了！我都替你高兴。

遇到男朋友介意自己学历高 / 能力强 / 挣得多，怎么办？

如果他本来就是你看不上的男人，立即让他滚蛋；如果，这个男人除此之外仍然有许多可取之处，那就要好好琢磨一下了。

大部分男人是不自信的，特别是在年轻的时候，他们的自信心需要亲密关系中的人给他们鼓励，这是大部分女生要面对的现实。

所以，聪明的女生会这样做，不管自己哪方面优于对方，尽量不在这方面去强调甚至炫耀。如果女生不视此为委屈而是看作做人的优雅，那她一定会在日后更加优秀。

比如，学历高的，可以强调"你们男生实践能力更强"，或者"女孩子只不过更擅长读书，没什么了不起"，让男生知道你不会因为他的学历看不起他；

能力更突出的，可以强调"我只是运气比较好"，还可以感谢对方，"要不是你经常鼓励我，我其实也挺不自信的"；

挣钱更多的，可以强调"我这个行业现在比较吃香"，并且表示，"这算不了什么，对社会的贡献不能以收入多少来计算"。

如果，男朋友能够明白你看重的是你们之间的关系而不是差距，他会慢慢建立起对自己和对两个人未来关系的信任；如果，你的大度并没有让他打消疑虑，仍然处处小肚鸡肠，再说分手也不晚啊！

要相信，如果能如此高情商地处理这个问题，女生将来遇到更合适伴侣的机会肯定很大。

总之，多从人性的角度理解男性，理解伴侣，并不会让女性损失什么。对于男人的软弱、自卑，因为了解，而适当地体谅、包容，并不是屈尊于男性，而是，学会了更好地和另一个性别合作。这样的合作能力是建立平等和谐两性关系的基础。

觉察·感悟·行动

1.你对男性的"处女情结"怎么看？你学会应对的方法了吗？

2.男性不愿意找比自己强的女朋友，是"大男子主义"吗？

3.如果你恰好比男朋友优秀很多，你会如何聪明地应对？

徐老师：

　　我今年25岁，谈恋爱一年多，总的来说还不错，我们俩感情挺好，我将来很可能会嫁给他。

　　但是，我对男朋友有一点特别不理解，就是他一回到他父母家就对我没那么殷勤，平时我们在一起时他是很照顾我的，而且，他和他的朋友在一起喝酒时，如果我去找他，让他跟我回家，他会冲我吼，虽然事后也会道歉，但下次还会这样。

　　他似乎特别爱面子，希望我对他的朋友热情，对他的父母毕恭毕敬，也希望我能经常认可他。有一次我发了奖金，开玩笑地对他说："怎么样？我厉害吧？比你强多了吧？"他立即就不高兴了，本来我准备和他出去吃一顿庆贺一下，他不愿意，我也没心情了。

　　还有，他不能听我夸别人的男朋友，比如有时候我说我闺蜜男朋友送她一个什么礼物之类的话，他就非常不开心，弄得我很紧张。

　　说实话，他是个挺不错的人，也挺爱我，但他的这些毛病让我心里挺怵怵，总觉得他是不是过分虚荣爱面子啊？也有点小心眼吧？

　　我不知道如何和他沟通这个问题，也不知道这样的人是不是一个合适的结婚对象，想请徐老师帮我解答一下。

　　谢谢您。

@我是花仙子

第 20 课
你给他面子，他给你一切

01

@ 我是花仙子在来信中举例说明的男朋友的行为，在许多男生身上都可以见到，只不过程度可能有所不同罢了。

许多女生会为此困扰，觉得把不准男生的"脉"，不知道他们情绪变化的由来，甚至认为他们的一些行为很反常，也会怀疑男朋友这样做是不是因为"不爱我了"。

女生谈恋爱，不能只靠直觉，适当了解男性心理会让你对身边的恋人更理解，沟通也会更轻松。

男性在亲密关系中做出的许多让伴侣不解的行为其实和一种心理有关，那就是"好面子"。

在中国谈"男人的面子"就如同在欧洲谈"女士的帽子"一样，

是可以引出很多话题和例证的。虽然说,在世界背景下,所有的男人都好面子,所有的女人也如此,但是,中国男人对于面子的格外在乎却是世俗文化和学术领域公认的。

为什么会这样?以下几个原因可以帮助我们思考和理解。

第一,面子曾经是"中国精神的纲领",著名作家林语堂先生将面子、命运、恩典看成统治中国的"三大女神",而在这三者之中,面子的势力又最大。可见面子在中国人社会心理生活中的地位与价值。

100多年前,美国基督教传教士亚瑟·史密斯以自己在中国生活22年的经历写出一本在西方社会产生巨大影响的著作——《中国人的性格》,他将中国人的性格归纳为20多种特征,其中第一个特征就是"保全面子"。他说:"一旦正确理解了'面子'所包含的意思,人们就会发现'面子'这个词本身是打开中国人许多重要特性之锁的钥匙。"

而千百年来"男尊女卑"的思想沿袭使得中国男性自然而然地成为"面子文化"的主要传承者,他们比中国女性更多地携带了"好面子"的文化基因。

第二,对于男人而言,面子是一个人自尊与尊严的体现,自尊是里,面子是外,自尊是背后动机,面子是外部彰显。

但是,许多人的成长背景使得他们形成了"条件自尊"而不是"无条件自尊"。所谓"条件自尊"(contingent self-esteem),心理学解释是:自尊是建立在他人的称赞或社会比较上,当个体将自我价值建立在某些事件的结果上,这些事件就会塑造一个人的自尊,任何情形下的成功或失败都会引发个体自尊的波动。

比如，父母严厉，苛刻，缺乏温暖和包容，会让孩子将自我价值和外在事件联系在一起，形成"条件自尊"——"如果我不听话／我不优秀，父母就不会爱我，我就是坏孩子"。

这样的男孩子长大以后，进入亲密关系中，在和伴侣交往互动时，就常常会表现出对于面子的格外维护。从心理学上讲，面子就是"理想自我"，过分在乎面子其实是对"真实自我"不太接受。

文化基因的传承和成长背景的影响，会使相当多的男生在和女孩交往时表现出自尊敏感的特性，了解这些行为背后的原因，有助于我们理解他们，并找出聪明的应对之道。

02

　　男女相爱，不仅意味着被彼此的闪光点所吸引，也意味着对彼此的软弱和短处的体谅。如果，女性不把"男人好面子"视为不可理喻，就更容易和他们愉快相处，毕竟，不受传统文化影响，成长环境健康，而且人格强大到任何时候都能无条件地体验价值感和被关爱的男人，是少数中的少数。

　　在了解以上的文化和心理背景后，再看 @ 我是花仙子的男朋友的那些举动，是不是就多了几分理解和接纳？

　　遗憾的是，许多女性忽略了男性的这个心理特点，不知道男人对面子的重视程度绝对超出她们的想象。

　　渡边淳一在《男人这东西》一书里说："他们最不能忍受的是自己人格被否定，其次是地位收入等受到轻视，再次是性能力遭到质疑。如果妻子言行表现出对丈夫这些方面的批评指责，他们会觉得自己颜面扫地，恼羞成怒对妻子产生强烈的憎恨。女人即使心里觉得气，也要顾及男人的面子（对事不对人），如此男人会由衷地心情愉悦，夫妻关系也会出人意料地和睦融洽。"

可见，日本等亚洲其他地区同属儒家文化圈的男性是有很多相似之处的。

既然这是中国乃至亚洲男士的普遍心理特征，女生们就不要把自家男朋友这方面的表现太当回事，只要不太过分，还是要给对方"留足面子"的。也就是说，要给予他们充分的尊重和适当的迁就。

女生们可以观察一下自己的男朋友，他们什么时候、什么场景下最容易在乎面子，然后，充分理解后就可以多加注意，不触碰他们自尊的敏感点。

有的男生特别在乎在父母家人和朋友面前是不是能"拿住"女朋友，虽然幼稚可笑，但是，充分理解他的心理特征后，在这些场合刻意放低身段，配合他"演出"一下，也并没有多难。

有的男生格外在意收入、地位不要被比下去，女朋友就不要口无遮拦地说刺激他的话，也不要拿他的短处和别人的长处相比。说实在的，如果真对男朋友的某些方面特别不满意，分手是一个体面又干脆的方式；如果不想分手，讽刺挖苦肯定不如包容和鼓励更有助于他的改善和进步。

有些女生之所以做出让男朋友在他的哥们儿面前"没面子"的事，是因为她们不知道友情对于一个男人意味着什么，也不知道让他在朋友面前颜面尽失又意味着什么。她们以为自己作为他的女朋友，在他心里的位置理应比任何人都重要。

其实，这也是很多女生不了解的一个男性心理，他们之所以格外在乎在社交场合是否被恋人"给足面子"，是因为他们比女性更在乎在同性朋友圈里的地位和归属感。

女性不懂的是，男人无论多爱女友和爱人，终归还必须有属于自己的梦想和朋友圈子，理由很简单，男人一旦失去友情，便意味着被男性社会屏蔽在外，成为一只离群索居的"孤狼"，这相当于彻底被整个社会所抛弃，所以，友情在男人心中占据的地位远远超过友情在女人心中的地位。

女性要明白，对他们而言，在男性社会中确保自己的位置，同珍视自己的伴侣一样重要，二者缺一不可，聪明女生千万不要逼着男朋友在自己和他的哥们儿之间做选择。

特别是对于 20 多岁的男生，正是步入成人社会的起步阶段，在这一时期，他的首要任务便是如何确定自己在男性社会中的位置。因此，如果你是和这一年龄段的男生在谈恋爱，营造自由宽松的恋爱关系会让两个人都舒服；相反，在他的同学朋友面前不给他面子，或者，对他和哥们儿的交往管得过严过死，都会让恋情陷入僵局。

03

有些女生想不明白，总觉得男朋友好面子是不成熟，是"不够爱我"，总想让他改掉这个"坏毛病"。其实，男生的成长离不开女性的包容，随着两个人关系的深入，如果他越来越多地从恋人这里得到肯定和接纳，男生的自尊意识会变得更理性，更成熟。

在这个过程中，女生说话做事若能充分顾及男朋友的这一心理特点，就会很轻易地找到那把能够打开你们关系中很多暗门的神奇钥匙。

所以，聪明女生在男朋友特别在乎的场景里就要把"戏"给他做足：

1. 当着他父母的面时，不要故意撒娇，不要耍小姐脾气，不要犯公主病，要少说话，多微笑，开口便是对男朋友的肯定和夸赞，要让他在父母面前显得有地位；

2. 当着他朋友的面时，不揭他的短，不随意使唤他，不故意让他下不来台；

　　3.和男朋友一起出现在自己的朋友圈时，尽量谈论他能融入的话题，不要让他感觉插不上话，不拿他和别人对比，不当着大家拌嘴，吵架，使小性子；

　　4.你俩独处时，不要数落他的缺点，不要贬低他的家人、朋友、口音、方言，不要故意提及他的不足，总之，不要唤起他的自卑，而要帮助他增强自信。

　　其实，男人挺"好哄"的，男生对于给予他尊重和认可的话语和行动格外敏感，越在人前有面子，越在人后表现好，而且，越夸越有劲，越骂越泄气。

　　有时候，你给他面子，他就会给你一切，你为了他的面子而做的努力，包括迁就、包容、体谅，他都能感觉到，这对他无疑是巨大的认可，好男人一定会被你的善良和聪慧深深打动，愿意和你共同经营好一段长久的关系。

　　我先生当年没车没房没存款，我们的恋爱谈得格外节俭，我从来不对他说别人的婚礼多排场，别人的婚房多漂亮，也不想让他为结婚的事犯愁，所以，我们当时是裸婚。我当时的想法很朴素，男人做事情需要胆量，自尊心受伤害肯定就没底气干成任何事，为了我们共同的未来，我也不能干傻事——让他没面子，我就没里子了。

　　先生完全理解我的付出和体谅，不仅在婚后这么多年，一直对我体贴照顾，对支持我们裸婚的我的父母也格外敬重，从各方面想尽办法回报两位老人，让我感到很欣慰。

男人好面子不是多么不可接受的反常心理，理解他们的这个特点，给足他面子，会让他心里不存"小疙瘩"，也不会在相处中借题发挥。你处处维护男人的面子，他就会在很多方面表现更好，实在是事半功倍的沟通神技。

案例分享

＊

　　米可和男朋友刚开始谈恋爱时，经常吵架，男朋友觉得米可不给他面子。米可很委屈，就和表姐吐苦水，没想到，表姐却没有站在她这边。

　　表姐和丈夫相处非常融洽，因为她深谙男人心理，她教给米可不少小窍门，让她学会处理很多事。

　　米可在表姐的调教下，开始体谅男朋友。他出身寒门，从小受人歧视，因而格外敏感自尊，米可后悔之前对此缺乏了解。

　　男朋友的妈妈从老家来看他们，米可主动请客吃饭，还领着阿姨买衣服，给老家的亲戚带礼物，这让男朋友很感动，两个人关系亲近了许多。

　　以前，男朋友和大学同学聚会，和公司同事喝酒，米可少不了电话微信狂轰滥炸，搅得男朋友玩不好吃不好，还总被别人笑话；做出改变后，米可得知他在玩耍或应酬，就忙自己的事去了，一晚上都不会"骚扰"他。男朋友刚开始不适应，以为会对他"秋后算账"，没想到，米可是真的想明白了。

　　米可的尊重和理解，换来了男朋友的成长和改变，他也变得很照顾米可的感受，出去应酬一定事先报备，中间也会打电话，特别是，他变得越来越自信，没那么敏感了，也会拿自己的好面子开玩笑了，这让他们两个人的关系呈现出以前没有过的成熟、稳定和亲密。

觉察·感悟·行动

1. 哪些因素造成中国男性格外好面子?

2. 你交往过特别好面子的男朋友吗? 你们是如何相处的?

3. 你愿意体谅男性的好面子情结吗? 对于如何让男友觉得被尊重、有面子, 你有哪些思考和实践?

徐徐老师：

　　您好！

　　我和男朋友已经开始谈婚论嫁了，对未来我很期待，也有很多担心，最担心的就是如何和他的家人相处，特别是如何和他的妈妈相处。

　　这位未来的婆婆我只见过一次，彼此都挺客气，她对我是满意的，也同意我们的婚事，只不过，我们对彼此而言都是陌生人，谈不上喜欢不喜欢。

　　我的担心来自周围很多人的实际生活，也来自近几年的一些电视剧。我很害怕和婆婆处理不好关系，也害怕因为婆媳关系不好而让我和他的关系出现问题，周围有朋友就是因为这个离婚的。

　　我愿意尊重理解他的母亲和家人，也会努力处理好关系，但是，我总觉得他一说起他妈，就变得不像他了，时常会说什么"你对我好不好无所谓，你必须对我妈好，她这辈子太不容易了！"对了，他爸去世得早，他妈后来又改嫁了，现在的爸爸是继父。

　　我不理解他的有些情绪，为什么一副要拉着我给他母亲还债的感觉？如果他觉得亏欠母亲，他好好孝敬她就行，我没有欠她啊，这么硬拉着我让我很不舒服。

　　我不知道我的想法对不对？是我的男朋友比较"奇葩"吗？他为什么觉得他妈怎么做都是对的？

　　期待您的答复！

@双木林的林

第 21 课
别说他妈妈的坏话

01

　　待嫁的 @ 双木林的林已经开始为将来的婆媳关系担心了，这不一定是坏事，对这件事提早有思考，也许可以避免以后无谓的争端。

　　在来信中 @ 双木林的林提到一件事，就是她男朋友说"你对我好不好无所谓，你必须对我妈好，她这辈子太不容易了"。她不知道的是，这句存在着明显逻辑漏洞的话，并不只是她男朋友说过，其实很多未婚男生甚至已婚男士的嘴里都经常冒出这句话。

　　说这种话的男性根本没意识到，一个女性如果对你没好感，不喜欢你，不愿意和你在一起，她为什么要对你的母亲好啊？什么是"对我好不好无所谓"呢？

婆媳关系其实是一种衍生关系，如果没有一男一女两个人的伴侣关系、夫妻关系，这层婆媳关系是不存在的，婆婆和媳妇原本是两个陌生人，根本没有互相了解、互相喜欢的基础，所以，她们是被动地被"强扭在一起"的。

很多女性在和恋人确立关系前，没有对伴侣和他母亲的关系有更多的了解和思考，对于婆婆的"干扰"能力估计不足，也根本没料到"婆媳不和"是近年来导致离婚的几大原因之一。

在生活中见到过很多这样的例子，男人对于母亲不敢有一丝违逆，对于婆媳冲突也根本做不到客观对待，一味地要求伴侣屈从。这是为什么呢？

男性对母亲的态度和感情要从心理和文化两方面去解读。

从心理学角度看，母子感情有别于母女感情

对于男孩子来说，母亲不仅是生他养他的人，也是他所认识和了解的第一个异性。虽然说，无论男孩女孩，母亲都是孩子的第一个重要依恋对象，但是，女儿在进入俄狄浦斯情结期之后，会改变爱恋的目标，将注意力从母亲转移到父亲身上，儿子则不同，其爱恋的目标从始至终都是母亲。所以，母子关系是唯一没有竞争的关系，母子之间的感情也是一种独一无二的爱。

从文化角度看，孝道文化浸润下的男性难免会"神化"母亲

中国孝道文化的核心其实是对母亲的感恩和回报，流传甚广的许多历史故事，比如"孟母三迁""岳母刺字"，都在引导大家把母亲作为一个伟大神圣的养育者来看待。

而且，居于孝道文化核心的是男性的母亲，而不是女性的母亲，女性一旦嫁人，就被社会习俗暗示要疏远自己的娘家母亲，把婆家母亲当作第一侍奉对象。

而男性则不同，他们自始至终都被要求对自己的生身母亲孝敬，顺从，如果被嘲讽"娶了媳妇忘了娘"，那是一种严厉的人格否定，会被社会排斥。

所以，很多男性对于让妻子受委屈并不自责，维护甚至袒护母亲，让他们有很满足的道德感。

由此可见，从心理学角度看，儿子和母亲有天然的亲近；从文化角度看，男性认为顺从母亲比爱护妻子更符合道德要求。

02

　　如果，男生成长在一个健康的家庭关系中，那么他的母亲和父亲会有良好的夫妻关系，母亲从自己的丈夫那里得到足够的爱和关注，就会比较接纳自己，也会在亲子关系中给孩子的父亲留出应有的位置，她无须从儿子身上获得情感的满足，也无须对儿子的回报寄予厚望，所以，不会过分操控儿子，能够给儿子足够的空间发展自己的人生，包括爱情和婚姻。

　　这样的家庭、这样的母亲能够培养出真正自信并且具有良好界限感的男人，他们既尊重、孝敬自己的母亲，也尊重、爱护自己的伴侣、配偶，不会强迫对方为讨自己母亲喜欢而受委屈，也不会把自己对原生家庭的责任强加给妻子。

　　遗憾的是，并不是每一个女孩子爱上的男生都是从健康的家庭关系中成长起来的，实际上，大部分男生都有一个对儿子怀有过分操控欲的母亲，这些男生有的是父母离异或父亲早逝，有的虽然父亲健在，但在心理位置上常年缺席。

　　母亲对儿子过分干涉，界限不清，是当前中国家庭中一个非常普遍的现象，所以，让女孩子们提早做好心理建设并不是危言耸听。

不健康的母子关系大致有以下两种表现。

1. 儿子对母亲言听计从，无法和母亲划清心理界限，缺乏对母亲的客观判断力

许多男性倾向于对母亲的所有做法都进行善意归因，他们会把母亲做的任何事都理解为："我妈那么做是为我好。"在母亲和伴侣有冲突，甚至明显是母亲做错了的情况下，仍然会坚持认为："我妈没有恶意，她这么做是为了你好 / 为了咱俩好。"

比如，一位女孩被未来的婆婆非常粗鲁地指出"你根本配不上我儿子"，她觉得自己受了很大的委屈，男朋友却说："我妈没坏心，她挺善良的，就是说话比较直。"

这个男生也许是一个在学业、工作上挺优秀的人，但是，他面对母亲的言语失当甚至行为失格，会变得毫无是非观和判断力。

2. 虽然母子关系疏离，但是儿子受母亲的心理影响很大，对母亲的很多情绪长期得不到纾解，在和伴侣相处时会不自知地迁怒于爱人

有一位男士，他的母亲严厉霸道，他和母亲并不亲近，有女朋友后，他常常因为对方的一些正常言行大发雷霆，比如，女朋友问他周末怎么安排，他会反问："你怎么连这个都要管我？"女朋友希望给他发微信后能得到及时回复，他也会抱怨："你知不知道，你这样让我很有压力？"

其实，他的怒气源于当年被母亲严加管束的痛苦，他虽然考上了让母亲自豪的名校，但那种被剥夺选择权所失去的快乐让他一直很压抑，他不敢对母亲表达任何不满，所以，当进入亲密关系中，面对恋人的正常需求，他就会反应过激地认为是对方想控制他，管束他。

女孩子在可以选择的前提下，一定要尽量避开那些有着强烈的"愚孝"情结或者对母亲爱恨交加、敢怒不敢言的男生。

03

女孩们不理解母子关系和母女关系的区别，她们参考自己和母亲的经验，觉得男方的母亲不就是个长辈嘛，只要给予足够的尊重就完全可以了，没想到，在和男生相处的过程中渐渐发现，他妈不仅仅是他妈，母亲在男性心理层面上承担着许多女性不理解的重要角色。

无论哪种情况，要想让伴侣关系不受外界影响，转机并不在于他的母亲是否变得豁达开通，而在于男人是否愿意重新审视、思考自己和母亲的关系，这是他们成长的功课。

大多数男人会把这样的反思当作对母亲心理意义上的"背叛"，少数人会接受这个挑战，真正走向成熟。所以，男人在心理上成熟的一个重要标志就是他能够客观地评价自己的父母，尤其是母亲。

所以，不管他和母亲的关系曾经怎样，只要他愿意突破自己的心理屏障，有勇气把母亲当作一个有血有肉、有优点也有缺点的正常女性来看待，而不是当作一个充满象征色彩的、不真实的

"圣母"来膜拜，他就完全有能力协调好母亲和爱人的复杂关系。

如果能遇到这样的男生，那就太幸运了，这会让你的恋爱、婚姻都省去太多麻烦。

如果，你没那么幸运，也不要难过，这是绝大多数女生要面对的局面，就像买彩票没中奖一样，预料之中罢了。

爱上一个无法和母亲厘清关系的男人，需要有以下应对之策：

对策 1：明确底线

确立自己的底线，并且明确告知对方，比如，"我会尊重你的母亲，但不会像爱我妈一样爱她，那是不可能的，你对我母亲也一样，尊重就足够"。

对策 2：不议论、不评价

尽量不议论、评价对方的母亲，别说他妈妈的坏话，不让男生心里不舒服，也不授人以口舌。

对策 3：不让男友为难

不要求男方表态、站队，别问类似"我和你妈掉水里你先救谁"的问题，这种问题除了引来争执，对改善关系不会有任何作用。

对策 4：讲理、懂礼

坚守两个字，一个是"理"，另一个是"礼"，讲道理，懂礼数，把话说周全，把事做到位，不用过分讨好。

对策 5：不奢求婆媳关系亲密

不对婆媳关系有过高期待，少来往会减少很多冲突。

对策 6：不越界

自己首先不越界，既不让娘家人干涉你们俩的事情，也不主动掺和男方的家事，这样，对方肯定会有所收敛。

对策 7：与男友共同面对

不要自怨自艾，寻求和恋人共同成长和改变的机会，相信每个人都有进步的潜质。

如果男朋友在这方面不够成熟，也不够体贴，的确让人不满意，但是，你们的相爱是彼此可以变得更好的契机，收获美好爱情的前提未必是遇到一个无懈可击的爱人，而是，在面对挑战和不如意时，逢山开路，遇水搭桥。具备了这样的能力，想不幸福都难。

案例分享

我先生和大多数中国男人一样，对母亲的感情不理智不成熟，不允许我对他母亲有任何微词，要求我在他的家里"好好表现"，在我受了委屈之后，不体谅不安慰。

尽管这让我很失望，但我也不能说他不是一个好男人，只能说，他对母亲的态度就是一个中国男性的正常表现。我当然会为此不开心，但我慢慢接受这是我所爱的人的缺陷和弱点，我也必须承认，他在很多地方也容忍了我的缺陷和弱点。

我尽量不放大自己的委屈，不强求丈夫一夜之间就变成可以客观看待母亲的人，这样，就少了很多因放任情绪而带来的冲突和争吵。但是，我并没有听之任之，而是一直积极寻找改变的契机。

我推荐给他一些心理学书和课程，他在认真学习后长进非常大，对自我的认识以及对原生家庭的反思，都让他有了变化。

后来，我们还一起参加了一个婚姻课程，在课堂上，我们敞开心扉，互相表达了很多之前不敢表达的情绪和感受，他不仅对我的委屈能够理解，对他和母亲的关系也有了很多新的认识。

如今，很多年过去了，婆婆的事情已经是我们可以正常讨论的话题，他不再像刚结婚时，一谈到他母亲就逻辑失效，而是表现出成熟客观的理智态度。

如果，你问我，结婚前若知道他在这方面会让我受很多委屈，我还会不会选择他？我会毫不犹豫地说，一定会。因为，我从未幻想过要嫁给一个没有缺点或者不让我受一丝委屈的人，我相信自己的能力，更相信我们之间的爱情可以让我们一起应对未知的挑战。

当然，我也很庆幸自己遇到的是一个愿意和我一起成长的好男人。

觉察·感悟·行动

1. 母子关系和母女关系是否有不同？你以前从这个角度思考过男朋友和他妈妈的关系吗？

2. 男朋友如果害怕与母亲"划清界限"，你会怎样帮助他？

3. 你是否思考过未来如何和婆母大人相处？你向自己的母亲请教过这个问题吗？

徐徐姐：

　　我今年25岁，已经工作2年多了，谈过两次恋爱，时间都不长，目前没有男朋友。

　　我对谈恋爱不太积极，我觉得现在的男人都特别不可靠，劈腿、出轨的事简直让女人防不胜防，有些看起来挺老实的男人也会在这方面很不老实，有些挺恩爱的情侣没过几年也会发现男的在外面找别的女人。

　　这种事见多了，听多了，让我对爱情特别没有信心，不知道找一个什么样的人才能确保今后不发生这类事。

　　我觉得自己在这方面有洁癖，一旦男朋友劈腿，我是肯定不会原谅的，可我怕我遇不到能对爱情从一而终的人。

　　但是，我又是一个很渴望家庭的人，喜欢一家人一起吃饭、聊天的那种幸福感觉，也喜欢小孩子。如果找不到可靠的男人而被迫单身一辈子，我肯定也会非常失落。

　　徐徐姐，以你的专业和经验来看，是不是所有的男人都靠不住？如果我还是想找个男朋友谈恋爱，以后也会结婚，怎么样才能最大限度地防止我的男人犯那种错误呢？

　　期待回复，祝您工作顺利！

@blueblue

第 22 课
每个男人都花心？

01

　　很多女生对于恋爱、婚姻的恐惧来自她们不确定自己的伴侣是否也会像"其他男人"一样，有朝一日背叛自己，她们渴望的那种矢志不渝、从一而终的爱情似乎在现实里找不到模板。

　　来信的 @blueblue 就是这些女孩的代表，渴望爱情，渴望婚姻，但是害怕被男生的劈腿、出轨所伤害，因而，影响了婚恋进程。

　　有人说，男人爱出轨是因为他们这么做的社会风险低，也有人说男人不专一是因为他们比女人更缺乏道德感，然而，进化心理学对于男性花心给出了不一样的解释，它认为，男人花心是一种由进化而来的心理机制，他们之所以比女性更具有多伴侣倾向，是在繁衍动力的驱使下，想让自己的基因有更多的传播机会，所以，他们不能满足于一个配偶。

同时，进化心理学对于女性的相对专一，也并不解释为道德水准更高，而是认为，女性从怀孕、生育到抚养后代，是一件非常耗时耗力的大工程，所以，她们比男性更渴望稳定的伴侣关系，这样才能保障她和后代得到良好的生存条件。

《金赛性学报告》的作者、著名性学专家金赛先生说："毫无疑问，如果没有社会规范的限制，男性不可能对某个伴侣从一而终；相比之下，女性对拥有多个性伴侣并没有太浓的兴趣。"

可见，从进化心理学的角度看，男性比女性更花心，对配偶更不专一，是客观存在的生物学现象，这让急于对花心男人进行道德谴责的女性多少觉得有点失望，但是，不得不承认，进化心理学所调研的男人，是跨文化、跨种族、跨地域的，这就意味着女性不得不接受这样的事实，你能够在这个世界上找到的任何一个男人，都有这样的遗传特征。

如果我们愿意承认花心是男性在进化中形成的遗传特征，不再片面地认为男性比女性道德水准更低下，我们就可以从愤怒和不平中冷静下来，思考一下，如何与有着无法抵抗的花心基因的男性在感情中更好地相处，在婚姻中更好地合作。

其实，男人花心不可怕，对伴侣之外的异性有好感也不是错误，女人要预防的是自己的伴侣把心思变成行动。

清代文学品评家王永彬在他的著作《围炉夜话》里有这样一句话："淫字论事不论心，论心千古无完人。"意思是，如果对异性连想都不去想，那千百年来不会有这样的完人。

02

许多女性为了避免男人花心，做过不少事后被证明很愚蠢的事，令她们追悔莫及，这些教训应该被记住。

教训 1：故意找一个比自己条件差很多的男人，以为这样的男人就不会变心，没想到，有些男人虽然没本事，但为了证明自己的地位，照样也会出轨；即使他没出轨，守着这样一个自己并不爱，而且也没能力给家庭做贡献的男人，女人又有多少幸福可言？

小 A 的父母感情不和，后来因父亲出轨而离婚，母亲多年的困境让她对男人的背叛既恨又怕，所以，她拒绝了很多般配合适的男士，执意下嫁一个对她言听计从，但在工作、学历、思想上都与她相差极大的男人，她认为，这样的男人才不敢背叛，因为他没资格。

现实是讽刺的，他们之间过大的差异所导致的沟通不良，让两个人的关系常年不好，小 A 对丈夫既不欣赏也不尊重，几年后，在他们的孩子小学毕业时，丈夫和他的老同学发展了婚外情，男人的理由似乎也很充分，"你从来都瞧不起我，我为啥不能找一个真正看得上我、喜欢我的人？"

教训 2：阻挠男人的事业发展，以为这样他们就不会"变坏"，比如，不让男人出差，不让男人加班，不让男人进修，不让男人创业……用减少男人竞争和成功的机会来预防他们变心，这种做法很可能"锁住了人却锁不住心"，也可能让男人在失去竞争力之后，两个人乃至整个家庭都错失了获得更好生活的可能。

小 B 的先生是一家销售公司的骨干业务员，公司想委派他去分公司做经理，需要常驻外地，一个月回家两次，小 B 死活不同意，她害怕男人在外地拈花惹草，尽管她先生百般保证，甚至公司老总也特批他可以一周回家一次，B 女士也坚决不同意。

另一位业务员得到了这个机会，一年后因业绩突出，回到总部做副总，工资待遇各方面今非昔比，小 B 的先生心里很不平衡，也怪罪妻子的不信任不支持，让自己错失重要的发展机会，两人关系变得冷淡疏远，甚至有离婚的打算。

教训 3：试图靠严防死守来减少男人和任何女人接触的机会，不

尊重男人的隐私，经常电话查岗，强行检查手机，以剥夺男人人权的代价来防止他们花心，其实，这种做法换来的忠诚极其脆弱，有时甚至会激起男性的抵触，效果适得其反。

　　小C总担心帅气的男朋友和别的女生"撩骚"，于是，对他的行踪查得很紧，他和同学、朋友吃饭，一到晚上10点，小C就不停地电话、微信、语音、视频，令男朋友不堪其扰。

　　这还不够，小C要求男朋友把微信通讯录里的女性全部删掉，如果有女性来电话，必须开免提通话。最可笑的是，男朋友租房的房东是一位大姐，把她删掉后，对方以为他要不辞而别，立即赶到他家查验，知道缘由后说了一句："小伙子，一辈子长着呢，你这么由着她，啥时候是个头啊？"

　　这件事之后，小C的男朋友果断提出了分手。

03

　　如果，女孩子想要找一个从基因上就"戒除"了花心的男人，那她一定会失望，但是，这并不意味着，她找到的任何一个男人都会劈腿、出轨、背叛，因为，花心和劈腿是两回事，花心和出轨是两回事，花心并不意味着背叛。

　　事实上，我们要讨论的是，在接受男人都有花心基因的前提下，如何更聪明更智慧地预防他们做出劈腿、出轨、背叛这样两败俱伤的傻事。

　　从遗传心理学的角度来看，男人的确比女人更容易见异思迁，更容易抵制不住性诱惑，更愿意尝试短期的性关系，这些心理特征与保持长期稳定感情的期待肯定是有冲突的。

　　所以，并不是所有的男人都是自己基因的"奴隶"，会控制不住地做出伤害伴侣感情，甚至伤害家庭关系的傻事，仍有不少男人能够把持住自己，他们虽然也会对伴侣之外的异性产生好感，却完全有自控力不做出格的事，这和男人的个体因素有关，也和双方的关系有关。

所以，女人既要有眼力认出那些具备忠诚品质，有能力克制自己欲望的优质男人，也要懂得男性的心理，在相处中帮助他们提高自控力，不做突破底线的事情。

男人具备怎样的品格未来会是忠诚的好伴侣？以下几条可做参考。

1. 有信仰，有信念

心存敬畏、志存高远的男人抵抗诱惑的能力更强，同时，也有智慧不让自己陷入感情旋涡。

2. 自信、乐观、有幽默感

心态健康的男人善于找到生活中的快乐，不容易在遇到挫折或心境低落时，贸然用"一夜情"等来消解郁闷。

3. 情商高，善于主动沟通

沟通能力强的男人懂得换位思考，也有化解冲突的能力，不会用劈腿、出轨等破坏关系的方法损害自己和对方。

4. 对自己有正确的判断力

高估自己个人魅力或者社会地位、工作能力的人，更容易尝试短期性关系。简单说，爱吹牛、爱说大话也是劈腿、出轨的前兆。

5. 成长顺利，原生家庭健康

父母婚姻和谐，成长中不缺爱，对背叛感情有本能的反感和不认同。

除此之外，女人应该怎样做，才能让两个人保持良好的关系状态，不在客观上"刺激"对方做出越轨的事？

第一，要让伴侣在恋情中感受到亲密和被理解，这样他就不会向外寻求。肯定和接纳是男人在亲密关系中的核心需求，这个需求被满足，他就会呈现出健康正面、有自我约束力的好男人形象；反之，他就会因为需求未被满足的匮乏感而做蠢事，尽管事后也懊悔不及。

第二，不在关系中过于强势，尊重对方。自己可以发火，也一定允许对方发飙，不然，长期在关系中处于弱势的男人会用出轨来进行反击，似乎是在宣告"你不爱我，有别人爱我"，尽管后果是两败俱伤。

第三，不要停止进步。这样，当对方成长很快，在婚恋"市场"上增值之后，自己仍然有足以和他匹配的眼界和见识，以及足以震慑外来"侵入者"的形象和气质。

感情中没有一劳永逸，即使很幸运地找到一个具备忠诚品质的好男人，女性仍需要不断成长，这是为生命增加厚度，也是提高自身的婚恋竞争力，同时还能为爱情保鲜。只有这样做，女人在关系中才会始终占据主动。

案例分享

------ ❤ ------

我和我先生结婚 25 年了，很多人好奇我们为什么这么多年仍恩爱如初，毕竟，周围同龄人的婚姻都多多少少出了问题。

我自己思考过这个问题，也和我先生探讨过。

我觉得，首先是因为我找到了对的人。在选择和他建立恋爱关系时，我最先看重的就是他的优质内核，他不仅有强烈的社会责任感，而且乐观，风趣，情绪稳定，对自己的评价很客观，他的父母恩爱和谐，家庭关系很好。

其次，我一直是一个在关系中保持警觉的人，从不相信不付出努力就可以让爱情常在常新。

很多夫妻在结婚几年后，男性随着事业的不断发展，个人魅力在提高，遇到的诱惑也变多了，而女性则因为生活安稳而不再进步，呈现出松懈懒散的状态，原来挺般配的两个人渐渐地拉开了距离。

我本来在报社工作，安稳清闲，别人都羡慕我，说我有福气，有老公给挣钱，但是，我不喜欢和爱人的工作步调相差太远，所以，孩子 2 岁时，我就毅然辞职，和先生一起又创立了一家新公司，我亲自管理。虽然我们在工作中有冲突有争吵，但一直在共同进步，彼此提携，感情越来越深厚。

同时，我也深知，男性内心对伴侣的外在形象一直是有要求的，尽管他们嘴上未必承认，但他们的确比女性更在乎配偶的外貌，就像女性更在乎男人是否上进、是否有挣钱养家的能力一样，无可厚非。所以，在我 30 多岁身体发胖，甚至一度达到 150 斤时，我就痛下决心开始减肥，尽管，先生从未表达过嫌弃我身材的意思。

经过努力，我减掉了 50 斤，从臃肿的大妈体形变成不到 100

斤的苗条身材，衣服从 XXL 码变成 S 码，很多老朋友都认不出我了。我不能说我瘦了以后我先生就更爱我了，但我可以说，我提升自己的努力，对我们的爱情保鲜是有促进作用的。

　　还有一点，很多夫妻对"出轨"这个话题不敢谈，也不会谈，其实，就这个话题分享观点是非常有必要的。我和先生经常会因为周围人的婚变而讨论这个话题，并且达成共识，对伴侣之外的异性，有好感和喜欢都不值得大惊小怪，只要发乎情止乎礼，语言、行为都不越界，就是对家庭负责，对感情负责，也对自己负责。

觉察·感悟·行动

1. 学习本课后，你还会觉得男性花心是道德水准低下吗？

2. 你对男朋友和其他异性的交往是怎样的态度？这种态度对你们的关系起到怎样的作用？

3. 你觉得怎样才能避免让男性的花心变成背叛？

徐老师：

　　我有一段很悲摧的恋爱经历，和前男友谈了一年多，毫无征兆地被分手了，问他原因，他说和我在一起没意思。

　　事实上，我在这段感情中付出很多，也特别独立，没有给他添任何麻烦，以为这样就能换来他对我的爱和尊重，没想到，他是这样看我的。

　　我委屈，也不解。

　　他在情感中付出很少，比如，即使加班到很晚，我也没要求他到公司接我，两个人外出吃饭，我一般会主动提出 AA 分担，也从没有要求他送我贵重礼物，相反，他的要求我都努力去满足，别的女生买名牌口红，我却给他买他喜欢的东西。

　　我也曾对他说："我自己有能力挣钱养活自己，也有能力照顾自己，我要的不多，只希望你全心全意爱我。"他却说，我这个要求让他有压力。

　　我不知道是他不够爱我，还是我做错了什么？到底要怎么做，才能在恋爱中不这么委屈？

　　我一直想努力做个好女孩，可我发现男人们并不那么喜欢好女孩，我很困惑，希望得到您的指点。

@想想就疼

第 23 课
让他为你付出

01

不懂男性心理，不懂两性在情感需求和表达上的差异，会让很多好女孩在恋爱中吃亏，来信的这位 @ 想想就疼就是这样谈了一段悲摧的恋爱。

女生在恋爱中最爱犯的错误就是"以己度人"，拿自己的想法推测男生，用自己以为爱的方式去爱对方，费心费力，结果，对方不领情，甚至用劈腿、分手来回应女生的付出。

在决定和男朋友的相处策略时，最先要明白的就是他们的心理需求。男人和女人对于感情的需求有很大的不同，畅销书《男人来自火星，女人来自金星》的作者——美国著名人际关系和情感问题专家约翰·格雷在书中指出：男人需要的是被需要，女人需要的是被呵护；男人需要的是对他能力的认可，女人需要的是对她感受的认同。

所以，回看一下 @ 想想就疼的来信，你会发现她在感情中努力付出，却不对男生有要求，唯一的要求就是希望对方能够全心全意地爱她，没想到，这个要求却让男朋友感到很有压力。

很多女生没有想到，她们的过分自立其实剥夺了男生"被需要"的权利，过分付出其实也是在暗示男生没能力。

这些女生都是好女孩，她们在传统教育的环境下长大，从小被妈妈告诫不要对别人提要求，不要给别人添麻烦，不要撒娇，不要任性，长大后，和男朋友相处，就不由自主把这套处事方法带进了亲密关系，男朋友成了"别人"中的一员。

这些好女孩之所以很容易变成恋爱中的傻女孩，是因为她们混淆了一般朋友的相处之道和亲密恋人的相处之道。她们不清楚，她们竭力避免的做法，其实是男朋友渴望她们去做的行为。

当我们知道男生在亲密关系中希望自己被需要，也希望自己的能力被认可，就应该按照男性的心理需求调整自己的相处策略。

1. 要鼓励男生为你花钱、花心思

不要觉得这么做俗气，也和贪财没关系，这样做不仅不会让他反感，还会让他感觉自己被需要，增进两个人的关系。

比如，让男朋友给你买喜欢的小吃，索要价钱并不昂贵的小礼物，在他们满足你的要求后表达感激，夸奖他对你的付出，这比在恋爱中什么要求都不提更让男生喜欢。

还可以请求男生帮你做一些他能力范围内的事，比如，加班后让他来接你回家，帮你修理个东西，陪你去车站接个朋友，等等，这些让他感觉你需要他的事情，都会提升他的自尊感和满足感，并不是给他添麻烦。

当然，这些要求不是命令，不是在使唤人家，而是表达你对他男朋友身份的认可，一旦他这样做了，就要对他表示感谢和鼓励，告诉他你多么需要他的帮助。

要知道，越让男人有付出感的事情越让他记忆深刻。他对你从不付出，自然就不会在心里留下印记。

2. 要学会接受，而不是一味地付出

男人更喜欢送礼物，而不是收礼物。看到女朋友收到礼物时欣喜的笑脸，再听到她甜甜的夸奖，他的满足感远远超过收到女朋友的礼物。

@ 想想就疼省下买口红的钱给男朋友买礼物，实在是不懂男性心理，这个举动无疑是在暗示他，你看你多没本事，害得女朋友连口红都买不起。与其这么做，还不如买下那支喜欢的口红，约会时精心打扮一番，告诉他你就想让他看见你美美的样子，他肯定会比收到你省吃俭用买来的礼物更喜欢。

02

　　好女孩误以为爱情需要自己不断付出，以至于爱得很卑微，也很辛苦，她们不敢提要求，不敢撒娇任性，但是，这样的"自立"并不会让男人感觉到爱。

　　台湾女星大S在真人秀节目中的"剥虾理论"让很多女人震惊，她说自己吃虾从来不自己剥，每次都是老公给剥，不然她就不吃。节目播出后，最先对她攻击的竟然是女性观众，她们觉得她太"作"——"自己能做的事为啥要让老公做？！"

　　没想到，大S的丈夫汪小菲挺身护妻，在微博上说："她老公愿意给她剥虾怎么了？生了两个健康的宝贝，走了一趟鬼门关，还不能让老公剥虾啦？有些留言的朋友，公婆你也得照顾，家务活还得自己做，连让老公剥个虾都不敢奢望，那我劝你好好审视一下自己的婚姻。如果还没结婚的，最起码找个尊重自己的老公吧。"

　　汪小菲的举动获得了一片赞誉，对大S指责的人看见人家丈夫的反应后都乖乖收声了。

我想，汪小菲不是在社交媒体上不得不维护妻子，他是真的很享受妻子需要他照顾的小女人心态。其实，了解大S的人都知道，她和闺密在一起就是个女侠，一点都不"作"，没有公主病，但是，在老公面前，她很懂得示弱、撒娇，让男人有满足感。

批评她的女性朋友很可能就是我们所说的好女孩，她们从来没接受过这样的女性教育，不知道男女心理有别，也从来没敢在感情中向对方索要过这样的体贴和呵护，以至于，看到大S的做法后感觉严重不适，因为这种"让老公给剥虾"的理论冲击了她们的传统观念。

汪小菲的反应让好女孩们开了眼，她们认为的"作"换来了人家丈夫的宠溺。

我就这个话题问我先生，他说："给自己媳妇剥虾是乐趣，就像你去会朋友，只要有时间我很乐意开车去送你，你摆出一副女强人的派头拒绝我，反而让我不舒服。男人不怕女人撒娇，就怕女人太强硬，说白了，吃软不吃硬。"

他的话有道理，也很能代表男人的心声——对男人温柔地提出要求，而不是强势地发出命令，他不会拒绝，而且乐意效劳。

女生们只要时刻提醒自己，男人在感情中希望你需要他，希望你认可他的能力，你就知道该做什么不该做什么了。

而且，示弱和撒娇会唤起男人的保护欲，女人需要的关爱、疼惜、呵护，只有在男人感觉自己强大的时候，他才有能力给出。

03

女人在亲密关系中过分付出、过分自立不仅是没有益处的，而且是有害的，因为，女人一味地给予而不肯接受，会让男性的自尊受到很大伤害。

和女人不同，男人更需要信任而不仅仅是关心，男人更需要感激而不仅仅是帮助，男人更需要赞美而不仅仅是体贴。所以，女人自以为无私地去奉献和付出，会让男人在得到关心、帮助和体贴之余，有一种深深的遗憾，因为，他更需要的信任、感激和赞美不会在女人付出后获得，只有在他自己付出后才会得到。

有些女人在感情出了问题之后会反思自己是不是付出得不够，是不是对家庭的贡献不够，却不会想到从男性的视角来看待自己，一个男人在看到由于过分付出而疲惫、倦怠的伴侣时，不仅会愧疚，也会想逃避，他害怕自己无法回报对方的付出，也担心对方会因为付出过多而在感情上"勒索"自己。

美娟就是一个对男朋友好得过分的女孩子，她会不顾加班的疲劳给他煲汤，也会为他的生意而向朋友借债，发了奖金不给自己买新衣服，而是给男朋友买了新手机，男朋友工作不顺利，她没有怨言，不断地给他宽心："没事的，我的工资够咱们两个人花。"

这样的美娟竟然被分手了，她问他："我哪里做得不好？"他说："你没有不好，你太好了，好得让我羞愧，我配不上你。"男生没敢说出口的话也许是："你的好让我有压力，我不想活在这样的压力下。"

男朋友不是儿子，而是一个有独立生活能力的成年男人，不需要女生用牺牲自己的方式去照顾，与其批判这样的男人狼心狗肺，不如思考一下，丧失原则和底线的付出为什么换不来好结果？

男人因一时之困也许会求助女生，但是，一旦解困，他就希望尽快忘掉这段不堪，他希望在伴侣心中是一个被仰视的人，而不是被同情的人，他虽然也会感激女生的付出，但是却更喜欢被女生感激。

好多女生不理解，自己勤奋上进，讲理讲原则，不作不闹，为什么男朋友表现很一般，而那些会打扮、嘴巴甜、敢于提出要求的女孩子往往有一个还不错的男朋友？

原因只有一个，要让男人在付出中得到快乐，而不是用道理和原则把恋人之间的浓情稀释得像白开水。有时候，鼓励男人爱你要比自己努力爱他，效果好得多。男人乐意，你也轻松。

所以，好女孩不仅要用真心谈恋爱，也要用脑子谈恋爱。

案例分享

❤

　　秦梦谈了两段不成功的恋爱后，找到了我。她觉得很亏，对男朋友掏心掏肺地好，却被别人抢跑了。

　　我问她为什么对男朋友那么好，她说，从小到大在家当姐姐，养成了照顾人的习惯，总觉得这样是对的，对方也会喜欢她这样，感激她的照顾。没想到，两任男友都找了别人，让她很受打击。

　　我向她推荐了那本《男人来自火星，女人来自金星》，让她看完后再找我。一周后，我们见面，她说自己如梦方醒。

　　后来，她在开始新的恋情后，改变了之前的相处策略，不再像个大姐姐一样处处替男朋友考虑，而是，像女朋友一样需要对方的照顾。以前喝水拧不开瓶盖也不用男朋友帮忙，现在，每次都要求男朋友开瓶，然后再俏皮地夸对方是"大力神"。

　　她告诉我，有一天她甚至做了一件以前想都不敢想的事，她撒娇让男朋友去给她排队买一款网红蛋糕，男朋友竟然乐颠颠地去了，这让她第一次在恋爱中尝到做小女生被宠溺的快乐。

　　"其实也不难"，秦梦这样对我说，关键是之前根本不知道男生的心理需要，所以，说出的话、做出的事都让对方不舒服，虽然自己付出了很多，但人家并不领情。

　　我告诉她，爱情最可贵的是按照对方希望的方式去爱，而不是以我们熟悉的方式去爱，双方都做到了这点，无论恋爱还是婚姻，一定会恩爱甜美。

觉察·感悟·行动

1.在亲密关系中，男性和女性的心理需求有什么根本不同？了解这
　点后，对你有怎样的启发？

2.为什么说女性不应该对男性过分付出？你在生活中见过类似的案
　例吗？

3.你会鼓励男朋友为你付出吗？这样做为什么对他也很有益处呢？

徐徐老师好！

我今年快30岁了，谈过恋爱，没有结果，至今单身的原因是我觉得自己根本不了解男人，也不信任男人，所以，在恋爱中很被动。

我上大学的时候喜欢过一个男生，和他聊天的时候谈起喜欢什么样的女生，他说，大方懂事性格好的女孩最让他动心，我觉得这就是我啊，然后向他暗示，他却刻意疏远了我。后来，他的两任女友都是漂亮却不懂事的，这让我感觉男人真是口是心非。

对于男人，我有好多不明白：

为什么男人嘴上说喜欢懂事大方的女人，却常常向那些妖艳矫情的女人献殷勤？他们为什么那么容易见异思迁？他们想找什么样的女孩结婚？甜言蜜语的男人到底能不能相信？他们是不是都是"下半身动物"？当他们提出性要求，是因为爱还是欲望？为什么男朋友会故意冷淡你？为什么看起来敦厚老实的男人，总觉得别人在勾引他？男人有了女朋友为什么还要和狐朋狗友鬼混……

在开始新的恋情之前，这些问题都是我特别想了解的，但是，男人不可能告诉我答案。所以，我特向您请教。

期盼您的回复。

@姗姗来迟

第 24 课
男人不告诉你的秘密

────────────

对女人来说，男人是一个奇怪的物种，他们心里到底是怎么想的，他们行为的动机是什么，是女人一直想弄明白的，当然，反之亦然。

@ 姗姗来迟希望在深入全面地了解男人之后，再开始新的恋情，这是挺聪明的做法。

男人的秘密，有些的确是他们不愿意让女人知道的，更多的则是他们自己也没有意识到的，需要借助心理学家的帮助才能浮出水面，准确解读。

我们不妨从以下三方面对男性和婚恋有关的心理秘密做一个探索。

一、男性的择偶偏好

1. 偏好年轻貌美的女性

不管是年轻男子还是中老年男子，择偶最看重的就是女人的年龄、长相和身材，进化心理学家解释说，这遗传自远古男性对于繁衍的需要，年轻健康的女性意味着较强的生育力和良好的遗传基因。

@ 姗姗来迟说"男人真是口是心非"，明明嘴上说的是喜欢大方懂事的女孩，最后还不是要"看脸"？有的男生甚至这样辩解："谁说我们只看脸，我们还看身材呢！"

这一点肯定令许多女性不悦，但这是遗传心理学家经过多年研究得出的真相，同时，研究也表明，女性的择偶偏好是喜欢经济资源更丰富的男人，这一点也让许多男性感觉不爽。

我们不能片面地指责男性喜欢年轻貌美的女性是低级趣味，就像我们不能指责女性喜欢更有挣钱能力的男性是拜金主义一样，不同的择偶偏好是男女两性不同的基因决定的，短时间很难更改。

无论现代人是否愿意接受，择偶偏好是一种个人无法选择的进化特征，它不以人的意志为转移，所以，这个偏好是我们在了解两性择偶观念的差异时必须正视的，由此调整自己的择偶策略也是明智的。

男性获取异性好感的主要因素是事业上的成就，"先立业，再成家"是聪明的择偶策略，女性则不一定要模仿男性的这个策略，如果不是单身主义者，"趁年轻，好好选"的择偶策略可能更适合女性。

同时，女性提升和改善自己外貌的努力是有助于增加择偶机会的，就像男性事业提升后择偶机会肯定增加一样。那句老话有道理，"没有丑女人，只有懒女人"，女性如果愿意在提升自己外在形象上下点功夫，迁就一下男性无法更改的这个择偶偏好，对自己也没什么损失。

2. 看重女性和忠诚有关的品质

男性之所以对配偶的忠诚看得格外重要，是因为他们不能像女性一样有百分之百的亲子确定性，这个遗传特征让男人在选择婚姻伴侣时，非常看重女人是否具备在未来保持忠诚的线索，比如，受过良好的教育，有较强的自我价值感，原生家庭关系健康，和异性交往分寸感很强，没有不良嗜好，以及端庄大方的容貌和装扮，等等。

虽然，时代的进步让男性对于"婚前贞洁"没那么在乎了，但是，没有一个男性不在乎"婚后忠诚"，有些女性对私生活持开放的态度，他人无权指责，但是，若因此而只能和男性保持短期关系，无法成为其婚姻的另一半，就不能抱怨男人不大度了。毕竟，这个择偶偏好，也不是男人自己可以选择的。

作为对"偏好年轻貌美女性"的补充和限制，"看重女性和忠诚有关的品质"让男性择偶不只是看脸看身材，一旦发觉对方有可能忠诚品质很差，他们完全可以放弃第一条偏好。

内外兼修的女性才是男性最佳的择偶对象，多读书多健身不仅仅可以增加女性魅力，更会让自己的生命丰盈，这样，女性在择偶中才不只是被动地接受选择。

二、男性的性态度

1.高估女性的性意图

据心理学家的专业测评发现，男性普遍会高估女性的性意图，这是令很多女性困惑甚至尴尬的原因所在。

在一项国外心理学家的研究中，研究者让 98 名男大学生和 102 名女大学生观看一段 10 分钟的录像，录像内容是一名女学生到一位男教授办公室，请求宽限完成论文的时间。这段视频由专业演员表演，教授和学生都没有做出任何调情和卖弄性感的姿态，只是表现出友好的态度。

测试结果表明，男大学生比女大学生更倾向于认为女学生在诱惑男教授，其他实验结果也表明，男性总是倾向于把一些中性线索（比如，微笑、友善等）理解为性意向。这往往超出了女性的真实心态。

在了解男性普遍存在的这个心理特点后，女性应该适当调整和男性的交往方式，对于毫无兴趣的男性，高冷一点没什么不好，并且，对于一些看似普通的邀约，比如，单独和男生就餐，看电影，超过晚上 11 点的通话聊天，如果对方不是你想发展的对象，直接拒绝可以省很多麻烦。

2.不珍惜过早委身的女性

有些男性为了和女性发生性关系，可以采用欺骗、瞒哄的方式，让女生误以为他"爱上"了自己，但是，女性要知道，几乎所有的男性都不会珍惜轻易委身的女性。

男人喜欢勾引女人，对上钩的女人又心存鄙夷，这一点的确很"双标"，但这就是男人的心理特点，女性要做的不是如何改变男人的性态度，而是要学会更好地保护自己，不仅要及早识别出"渣男"，还要对男性普遍存在的这种心理有充分认识，因为，男朋友也不会例外。

三、男性的亲密习惯

1. 不喜欢被伴侣黏着

女性喜欢拿自己的亲密习惯揣测男性，她们爱一个人，就会总想和他在一起，男性则不然，他们对同性友谊和社会交往的重视远远超出女性的想象，所以，当男朋友不愿意和自己腻在一起，女孩子就认为他不爱自己，实在是因为不了解男性。

所以，聪明女孩要尊重对方的亲密习惯，不要时刻想拴住他，他有疏远的自由，才会渴望亲近，如果总是让男人违背自己的本性，他反而会更加想逃离。

2. 希望有独处的"洞穴时间"

除了社会交往，男性比女性需要更多的独处时间和空间，心理学家称之为"洞穴时间"，意思是男人在压力大的时候，喜欢躲进自己的"洞穴"里，无人打扰，通过清净的独处，释放情绪，思考问题，养精蓄锐。

女性对此不能理解，错误地解读为对方想冷落自己，是在回避沟通，其实不然，这是男人的压力应对模式，女性应当尊重并满足男人的独处需要，不要去打扰、干涉、批评。这样，他在两性关系中的心理状态才会更健康，两个人的关系也会更和谐。

3. 喜欢新鲜感大于稳定感

女性在亲密关系中一直在寻找稳定感、安全感，男性则不然，他们对于新鲜感的渴望远远大于女性。

男性的这个亲密习惯是他们的性别基因决定的，也许，这也是他们创造力和上进心的来源，所以，女性不要忙着愤怒和批判，而应该尊重两性差异，理解男性对于一成不变的生活模式的忍耐度很低，并学会有智慧地在生活中、关系中创造新鲜感，让两个人都能从变化中获益。

稳中求变就是巧妙的应对之策，比如，多看书，让两个人的谈话更有趣，变换服装的色彩和款式，让伴侣在视觉上产生新鲜感，一起去陌生的地方旅行，通过领略不同的文化和风土人情，为两个人的感情增加新活力。

总之，尊重男人的心理特点，才不会引发冲突和争吵，这样，女人想要的稳定感才能更有保障。

择偶其实是一次合作，要想选择合适的合作对象，就需要先对他们进行了解。从心理学的角度对男性的择偶偏好、性态度以及亲密习惯进行深入探索，有助于女性调整合作策略，为自己、为双方谋求更幸福的未来。

案例分享

❤

很多女性会误解伴侣的社会交往需要和独处需要,我曾经也如此。刚结婚的头几年,我会阻止我先生外出会朋友,也会在他想要独处时大发雷霆,逼着他和我聊天,不允许他独自在书房安静地待一会儿,把他搞得几近崩溃。

有一天,他说要下楼买份报纸,我无意中从厨房往下看,竟然发现他买了报纸后,打开车门坐到了驾驶座上,然后,一个人在车上待了40多分钟,抽着烟,看报纸,然后就是发呆。

他回来后,我没有问他为啥这么做,我已经看出他需要这样的独处,只是我一直不允许。

后来,每当他周末和朋友聚会,或者,定期躲进书房"洞穴"里自己和自己待一会儿时,我都不再去干涉他,打扰他。允许他这样做之后,我们的关系更亲密了。

觉察·感悟·行动

1.你了解男性的择偶偏好后，内心有怎样的感受？

2.了解了男性的亲密习惯后，你会在今后和恋人相处时，做哪些应
对和调整？

3.你发现过男性的什么小秘密吗？这些发现对你和伴侣有帮助吗？

附录：
冲出爱之迷思——情感问题"另类"妙答

恋爱中的女生心里常常有太多的"为什么"，之所以长时间纠缠在问题里，有的时候是想不通，有的时候是不甘心，有的时候是装糊涂。

我被女孩子们问得多了，慢慢地从一个又一个提问中，看到了女孩子们藏在问题后面的小脆弱、小担心和小矜持。

顺着她们说，会让她们开心一下下，之后呢，问题还在，苦恼还在。

这次，我决定不再绕弯子，对着问题的真正靶心，轻轻地，准准地，射一箭。

也许，会让提问的女孩子疼一下下，难受一下下，尴尬一下下，那又怎么样？她们若能借此认清自己、看清真相，之后，就会轻松，放下，明白，自在，然后积攒改变的能量，活出不一样的自己。

真话不在多，一句是一句，甚至只需几个字，力道够了，就会有用。

藏在不太悦耳的真话后面的，是我一直不变的心疼和在乎，对每一个提问者。

问：对男生一个都爱不起来怎么办？
答：先爱自己。

问：两个男生追我，各有优点，怎么选？
答：选那个你能忍受他缺点的。

问：我妈想让我找个公务员，我想找个懂浪漫的，怎么办？
答：找个懂浪漫的公务员。

问：男朋友对我不热情，是我不够漂亮吗？
答：是你不够热情。

问：都说选丈夫要找一个爱自己的而不是自己爱的，是这样吗？
答：自己不爱的人，你会稀罕他的爱？

问：女人太强会找不到男朋友吗？
答：可以强，不要硬。

问：嫁给没钱的男朋友，以后会幸福吗？
答：一直没钱就不会。

问：我和闺密同时爱上一个男生，我该怎么办？
答：让他决定。

问：父母反对的恋爱一定不会有好结果吗？
答：弄清楚为什么反对。

问：男朋友很自私，对我也不好，我该怎样改变他？
答：你改。

问：男朋友劈腿后承认了错误，我该不该原谅他？
答：你放不下他，就原谅。

问：看上了男朋友的哥们儿，该怎么办？
答：人家看上你了吗？

问：我妈催婚，我应该为结婚而降低标准吗？
答：你不着急就不用。

问：大学女同学都结婚了，我很着急，觉得自己被剩下了，怎么办？
答：急什么，你又不嫁她们的老公。

问：表姐嫁得非常好，我妈很羡慕人家，我该怎么办？
答：一起羡慕啊！

问：忘不了初恋，但是人家已经结婚了，我应该告诉他吗？
答：你想干什么？

问：觉得自己很优秀，却总遇不到看上眼的男生，该怎么办？
答：换圈子，或者换眼光。

问：只想恋爱不想结婚是怎么回事？
答：不是人不对，就是时候不对。

问：为什么恋爱谈得特别累？
答：先换方法，不行就换人。

问：男生都喜欢白富美吗？那我们这些相貌平平的女生怎么办？
答：找有自知之明的聪明男人。

问：都说找帅哥靠不住，可我就是"外貌协会"的，怎么办呢？
答：你找到帅哥了？

问：周围没有喜欢的男生，该怎么办？
答：谁说男朋友必须是同事同学邻居熟人啊？

问：为什么找个懂自己的男生特别难？
答：让自己变得好懂一点。

问：我总担心男朋友变心，整天想盯着他，怎么办？
答：让他担心你。

问：总觉得同龄男生太幼稚，怎么办？
答：老男人也未必懂事。

问：我想找一个特别宠我什么事都迁就我的男人，这是公主病吗？
答：不是，是缺爱。

问：我想先把工作做好，再谈情说爱，可以吗？
答：你多大了？

问：结婚前后悔了，怎么办？
答：逃啊！

问：男朋友吵架都不让着我，该不该分手？
答：每次都不让，就分。

问：我喜欢的男人为什么不给我打电话/发微信？
答：第一，不想；第二，不敢。

问：和不爱的人结婚就一定不会幸福吗？
答：难。

问：男朋友说以后想生两个孩子，我一个都不想生，怎么办？
答：不想生，还是不想和他生？

问：爱上有妇之夫，很爱很爱，怎么办？
答：等，分，闹，选一个。

问：如何挽回前男友的心？
答：为啥分手？凭啥挽回？

问：如何让喜欢的男生向我表白？
答：他喜欢你吗？

问：如何向喜欢的男生表白才不会被拒绝？
答：看他的意思。

问：婚前同居会增进感情吗？
答：分人。

问：长相一般的胖女孩就不会有男生喜欢吗？
答：少。一旦有，必是真爱。

问：为什么我爱的人不爱我，爱我的人我不爱？
答：除了运气，就是眼高手低。

问：怎么样才能找到可以和我白头到老的伴侣？
答：白头到老是结果，不是目标。

问：世界上真的有爱情吗？
答：找到的人说有。

问：学习恋爱知识能帮我找到好男人吗？
答：学习钓鱼知识能帮你钓到鱼吗？

问：我能等到真正属于我的那个灵魂伴侣吗？
答：别等，去找。

后记:
好女孩为啥斗不过"心机女"

知道我要写一本关于女孩子恋爱的书，周围朋友中的已婚人士都说，好多道理应该在结婚前就明白，可惜当时不知道学习，以至于走了很多弯路。未婚女孩则不约而同问了我一个问题:"为啥好女孩找男朋友这么难? 那些有心机的，会撩拨的，凭什么被很多男人追?"

这个问题把我逗乐了!

问这个问题的都是好女孩，也是我为本书设定的目标读者，她们真诚待人，严于律己，孝敬父母，工作努力，爱学习，有文化，但是，在适婚年龄却觉得自己对男性缺乏吸引力，根本斗不过那些不坦诚不实在，在恋爱中城府颇深的"心机女"，因此，输得心不服口不服。

"心机女"往往看起来清纯无辜，实则工于心计，善于玩弄男性感情。很多女孩子都觉得自己一眼就能认出谁是"心机女"，对她们厌恶唾弃，男生则很难分辨出谁是"心机女"，有的甚至给人家当了"备胎"都不知道。

虽然，我不愿意把"心机女"说成"坏女孩"，但是，她们的确不是传统意义上的好女孩，她们有自己的强项，也知道如何利用自己的强项，而且，知道男人的弱点，也知道如何利用男人的弱点。

"心机女"和好女孩的根本区别在于，在对待异性时，因为目的性极强，"心机女"只用脑子而不用心，她们很懂得与异性相处的技巧，也知道如何在外表、装扮上讨男性喜欢。这让她们不费吹灰之力就赢了朴实厚道的好女孩。

好女孩对"心机女"的所作所为嗤之以鼻，但又羡慕人家对男性的吸引力，尽管她们把这种羡慕隐藏得很深，自己可能都意识不到。试想，若不羡慕何来愤怒呢？

先别忙着批判"心机女"的无德，也别急于嘲笑男性有眼无珠，我们看看"心机女"凭什么吸引男性？

首先，她们的相貌、装扮和谈吐、气质都很讨男生喜欢。尽管，好女孩一听这个就想吐槽："那都是装的！"但是，必须承认，她们很明白如何在视觉上给男性创造良好的第一印象。

其次，她们很会哄男人开心，而不是让男人哄她们开心。很多男生都承认，和这些女孩子在一起，不仅很轻松，而且，自信心特别强，她们比一般女孩更会说甜言蜜语。

再次，她们更懂得以柔克刚，用示弱来"勾引"男生关心她们，为她们付出，甚至给她们买贵重礼物，不像一般好女孩，直来直往，还好逞强，让男生觉得自己很没用。

如果，仅从以上三点来看"心机女"，感觉她们应该人畜无害，其实不然，"心机女"之所以被好女孩们唾弃，关键在于，这些女性对于感情的态度是不真诚的，以自己的利益最大化为目的，为此，她们不惜使用欺骗、诱惑、撒谎等卑劣手段，觉得男人有利用价值时，她们会装假、讨好，觉得男人没有利用价值时，则会无情翻脸。

首先，应该同情那些被"心机女"欺骗的男生，网络上时常有这样的故事，最轰动的是中关村某高科技企业创始人被"心机女"骗婚，损失1200多万后被逼跳楼身亡的新闻事件。

其次，"心机女"也有让人可怜之处，她们的人生结局并没有多好。我认识这样的女性，年轻时的确风光过几年，但过不了多久，她们的装、她们的假，以及她们的诡诈，最终都被人识破，这些女性有的婚姻不幸，有的事业遇到挫折，甚至有的沦为周围人的笑柄。

所以，好女孩大可不必把"心机女"当作假想敌，而应该感谢她们，帮我们更好地解读男性心理。通过她们，我们可以了解到，原来男生喜欢的女生是这个样子。

好女孩之所以斗不过"心机女"，除了男生需要提高识人技巧之外，好女孩不肯走出自己的舒适圈也是原因之一。

好女孩笃信"真心必能换来真心"，因此不肯了解男生，更不肯迁就男生，也不愿因为男生而做任何改变，正是这样的强硬态度让居心不良的"心机女"有机可乘。这一点，好女孩是不是也应该反思呢？

好女孩们不知道，和"心机女"相比，她们最大的强项就是真诚和善良，这是一个人最宝贵的优质内核，而"心机女"为了谋求私利最先把这个舍弃了，但是，这个内核一旦舍弃，很难重新"安装"回来，所以，好女孩的前景要比"心机女"好得多。

好女孩应该知道，男生并不喜欢女人的装和假，更不会喜欢诡诈，只是他们有时看不出来而已。如果，好女孩肯多花心思了解男生的心理，愿意让男生在认识自己有趣的灵魂之前，先用美好的外在形象吸引他，同时，愿意把自己的真心用令男生更舒服的方式表达出来，那样，她们的竞争力比"心机女"不知道强多少。

所以，好女孩不应该是笨女孩，也不应该是懒女孩，好女孩应该聪明，美丽，善解人意，不仅用心谈恋爱，也会用脑谈恋爱，既懂自己要什么，也懂对方要什么。如果能做到这些，她们和用脑不用心、时刻想算计男生的"心机女"比起来，实力高出几条街呢！

我不相信，这样的好女孩会输给任何人，这也是我写这本《嫁人不能靠运气——好女孩的 24 堂恋爱成长课》的初衷。

愿我们的 24 堂恋爱成长课，能帮助每一个好女孩都拥有更多的选择机会，也拥有更广阔、更丰盈的人生。

嫁 人 不 能 靠 运 气

24 COURSES OF LOVE
AND GROWTH FOR GOOD GIRLS

好女孩的
24 堂
恋爱成长课

徐徐温暖自助书

让灵魂丰满，让身体轻盈，一本重塑自我的成长之书。

《我减掉了五十斤——心理咨询师亲身实践的心理减肥法》

做懂爱的父母，孩子就能成为人生赢家。

《管孩子不如懂孩子——心理咨询师的育儿笔记》

女 性 生 活 时 尚 阅 读 品 牌
□宁静 □丰富 □独立 □光彩照人 □慢养育

悦 读 阅 美 生 活 更 美